DAILY LOG

# 中学生思辨日知录

史建筑 / 编

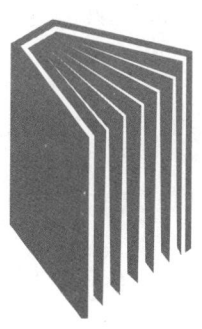

上海教育出版社
SHANGHAI EDUCATIONAL
PUBLISHING HOUSE

# 序（一）

有件事，我和多届学生们一起做了近20年，那就是读书笔记分享。

起初，我的角色是"知识转述师"，也就是我来读书，然后把精华部分转述给同学们。那时，没有网络，信息相对闭塞，学生们学业负担重，几乎没有时间读书。怎么用语文的方式为同学们打开一扇窗，让他们看到更加丰富的世界呢？……我瞅着自己的一大摞读书笔记，心想，这应该也是课程资源吧？于是我按专题或主题重新梳理了我的读书笔记，利用语文早读或晚自修的时间，与同学们分享阅读精华与解读心得，没想到，课程竟然大受欢迎。经我的转述，尼采、罗素、黑塞、梭罗、罗曼·罗兰、陈寅恪、冯友兰、王蒙、李泽厚……慢慢走进学生的视野，尽管还停留在比较零散的分享，我的解读也不免肤浅，但还是让同学们初步领略了人类的智慧，为同学们提供了看世界、看自己的不同视角。多年之后，不少同学求学入职，辗转多地，仍把当年的笔记带在身边，他们说，感谢老师在那个闭塞的年代，用读书笔记的方式为他们搭起一椽精神小屋……

后来，我的身份转化为"经典领读人"，从阅读者到领读者，这本就是语文教师的"本色出演"。令人欣喜的是，阅读变成了学生的主动需求，他们会记下我每次分享内容的出处，课外或借阅或购买原著，慢慢地，我发现几乎每位同学手头都有一本正在阅读的书。为满足同学们的阅读需要，后来的语文课上，我逐渐加入了指导阅读的内容：虚构类、非虚构类书籍的差异处理，整本书阅读的策略，主题单元的文本比较阅读，读书笔记的做法等。这些探索为后来新课标倡导的"任务群学习""学习单元设计""整本书阅读"等，提供了有益经验。

经过多年的沉淀，加之网络的普及、阅读终端的丰富以及读书氛围的改善，我的角色又发生了转变，成为"平台搭建者"。我个人的阅读视野毕竟有限，既然同学们都在阅读，何不共读、共享？于是，就有了"读书笔记轮流分享"，分享的频次也更高了，变成了每节语文课前必备的内容，称为"每日粹语"。当同学们在语文课前的几分钟，静静地阅读同窗分享的读书精华和个性化解读文字时，我能感受到思想的萌动、生命的拔节，而我也从台前走到了幕后，虽时常"隐身"，但从不"离线"，或偶尔组织一下讨论，或根据同学的解读做一些补充完善等，与同学们的阅读分享形成互补。

本书书稿，就是在刚刚过去的一年里，同学们轮流分享的阅读精华和解读文字。同学们亲近经典，沉浸阅读，内化于心，进而转化为理性的解读与评价，这些文字充满着朝气与思辨。

感谢我的历届学生们，是他们的求知与成长愿望不断激励着我，才有了这份执着与坚守，感谢为本书提供阅读分享的所有同学，感谢申若昀同学为本书作序，感谢帮助整理书稿的华雨老师、司远钊老师，感谢上海教育出版社庄晓明老师给予出版指导。

史建筑

2022 年 8 月 6 日

# 序（二）

又到盛夏，想起去年这个时候的自己，加入了新的班级，拿到了新的课表。最期待也最幸福的一件事是，幸运地成为史老师的学生，即将共同度过令人紧张又兴奋的新学年。

从第一节语文课开始，史老师就开始向同学们征集"每日粹语"。推荐的粹语内容可以是阅读时触动心弦的文段，也可以是引发自己思考的语句；同时要求对粹语内容进行原创解读，充分具体地阐明其内涵，呈现个人感悟；文段的最末，注明这则粹语的适用范围和使用建议，以便同学们在具体的写作语境中找到契合的语料。

于是，"每日粹语"这一贯穿整个学年的项目，就有条不紊地展开了：课下，学科助理在微信群里定期征集粹语，整理后发给史老师；课上，史老师提前将粹语及解读文字呈现在屏幕上，同学们在上课响铃前通读粹语和解读文字，史老师再加以口头上的补充、升华，同学们进一步做个性化记录。

"每日粹语"之于我们，远不是用来应对写作的语料积累，更意味着心灵的成长和精神的滋养。

起初，提交"每日粹语"对我来说是完成一项任务：我会问自己，我写的这些会不会让老师觉得不满意？我写的这些同学们是否感兴趣？在那个阶段，我没有体会到表达的快乐，也没有体会到思考和表达的畅然。

后来，我阅读了越来越多的同学推荐的粹语："我能做对火山、对花有益的事，才叫作拥有它们"，这告诉我，人与人之间的关系是双向的，没有人可以一味地索取关爱，而是应当由内而外地给予；"人生就是一条通向自我的路"，让我知道所做一切的最终指向，都是一直同我相伴的那个"自我"，让我渐渐看见我要去的地方；"择高处立，寻平处坐，向宽处行"，开导我在焦虑的时代，保持内心的从容和平和……我渐渐不再一味地见到粹语就开始动笔记录，复制粘贴，而是用心阅读其内容和同学们的深度解读，就像一次课上史老师所说，"以前我更关心粹语本身，现在我发现，同学们的解读才是最有价值的内容"。

在这些长短相间的文字中，我们看到的是一个灵魂面对一段陌生文字的主观思考，当它与我们相遇，或是忽然为我们困惑许久的问题提供了答案，或是润泽了在焦躁不安的环境里飘忽不定的内心。

有了这些感悟，当我开始动笔准备粹语时，我开始问自己另外一些问题：我写这些，是想要向同学们传递什么？我写的东西，会对同学们有帮助吗？我写这些，是发自内心的真诚表达吗？我不再去纠结自己能否完成一份让人满意的任务，而是把它当成难得的交流表达机会——心灵与心灵之间有些许碰撞的机会。阅读精选粹语的过程，也变成了自我教育、自我成长的过程。我想分享的那些刻印在脑海中的文字，它们在我撰写解读文字的时候慢慢有了思路，有了条理，渐渐内化于我的精神谱系。而我也希望，如果这些能鼓励我，温暖我，也许同样可以传递给同学们。

对待粹语的态度转变让我感受到了自己的成长，而阅读粹语的过程同样是写作者给我精神上的礼物。高中阶段，同学们学业负担较重，难以保证大量阅读，精神上的饥渴不免令人空虚，客观面临的挑战和未知又增添了精神压力,我常常无法以舒展的姿态面对生活,面对身边的人。

至今我还清楚地记得,有一次下了数学课,心情烦乱的我走进语文教室,站在桌边呆呆地看着屏幕上的粹语,"我只愿蓬勃生活在此时此刻,无所谓去哪,无所谓见谁。那些我将要去的地方,都是我从未谋面的故乡。以前是以前,现在是现在。我不能选择怎么生,怎么死;但我能决定怎么爱,怎么活",那一瞬间,我感受到了文字的力量,我看见了自己的脆弱和恐惧,我看见了一个内心缺乏力量的人,在面对小小的困难和未知的时候并不明媚的心灵。那一刻,我真切地渴望着,我也可以成为一个蓬勃地活在此时此刻的人,一个爱着这个世界的人;那一刻,我也深深地感谢着分享这则粹语的同学,我知道原来我们一直都在一起,一直都温暖和激励着彼此。所有这些,比做对了几道题,考高了多少分,要珍贵、美好得多。这样的例子数不胜数,"每日粹语"之于我们,滋养了阅读者的精神,慰藉了阅读者的内心,它是文字汇聚而成的智慧,更是一份沉甸甸的祝福、善意和力量。

如今,当我再次回顾如静静流淌的河水般的粹语,我觉得它不仅是我们这些亲历者的心灵成长,更是我们在不可改变的外部环境下内心的一份笃定和坚守。此前,我对高中的想象是成山的卷子,我在题海里浸泡,我的世界,至少在语文这方面,由固化的答题模板和读不完的文言文诗歌和散文填满。事实证明,那确实是我无法改变的生活主流,然而同时与之相伴的,是我们仍找到了心灵的"桃花源"。我们努力地不使自己陷入被压力推着向前的茫然的奔跑里,我们努力地从被裹挟着向前"卷"的浪潮里脱身,我们固执地认为,我们要思考,我们要做自己,我们要"离真理越来越近",我们要做一个精神明亮、心灵明媚的人。

"那天，我二十一岁，在我一生的黄金时代，我有好多奢望"，这也是某一天的粹语。年轻的我们，在这个美好的年纪里，我们迫切地想如一棵树般挺立，如一朵花儿般绽放。我们用执拗的文字坚定、勇敢地告诉这个世界：青春的成长、青春的奋斗绝不等于内卷，绝不等于在浪潮里被裹挟着被迫地向前，绝不等于在应试的教育模式下被同质化，我们要成为一个精神上独立的人，要成为一个内心饱满而充盈的人，要成为一个热爱交流和表达，懂得爱和传递爱的人。

我们的高中生涯已落下帷幕，但我想，它对参与其中的每一个人都是一次非常难忘的回忆，无论是粹语的内容本身，还是它所传递的信息，都是伴随我们继续成长的精神财富。

前几天，史老师说，要让这些文字与更多的朋友分享，准备结集出版，我真的非常激动，因为这真实地记录了我们的心路历程，还原了我们的精神成长，传递出了那间小小教室里，师生交往的温暖。

最后，请允许我代表同学们对史老师说：谢谢您给我们创造了一片精神的净土，谢谢您让我们在这里生长成我们所希望成为的样子。我们也想对这本书的读者朋友们说：希望你们在这里收获思考的智慧，感受思维碰撞或是契合的火花，或许我们每个人对美好、责任和幸福的追求，可以温暖和激励你们向前探索的步伐，因为，我们一直在一起。

北京市十一学校2022届毕业生<br>
北京大学法学院2022级本科生　申若昀<br>
2022年7月26日

# 目录

## 人与自然 / 1

### 生态伦理 / 2

第1周　周一 / 2
　　　　周二 / 4
　　　　周三 / 6
　　　　周四 / 7
　　　　周五 / 9

### 人是画中仙 / 11

第2周　周一 / 11
　　　　周二 / 13
　　　　周三 / 14
　　　　周四 / 16
　　　　周五 / 17
第3周　周一 / 18

### 自然的哲思 / 20

第3周　周二 / 20
　　　　周三 / 22

　　　　周四 / 24

## 人与社会 / 25

### 社会责任 / 26

第3周　周五 / 26
第4周　周一 / 28
　　　　周二 / 29
　　　　周三 / 31

### 家国情怀 / 33

第4周　周四 / 33
　　　　周五 / 35
第5周　周一 / 37
　　　　周二 / 39
　　　　周三 / 41

### 历史观念 / 43

第5周　周四 / 43
　　　　周五 / 45

| 第6周 | 周一 / 46 |

## 认识世界 / 47

| 第6周 | 周二 / 47 |
| | 周三 / 49 |
| | 周四 / 50 |
| | 周五 / 52 |
| 第7周 | 周一 / 53 |
| | 周二 / 54 |
| | 周三 / 55 |
| | 周四 / 56 |
| | 周五 / 58 |
| 第8周 | 周一 / 60 |

## 传统与异域 / 61

| 第8周 | 周二 / 61 |
| | 周三 / 63 |
| | 周四 / 65 |
| | 周五 / 67 |
| 第9周 | 周一 / 69 |
| | 周二 / 71 |
| | 周三 / 72 |
| | 周四 / 74 |
| | 周五 / 76 |
| 第10周 | 周一 / 77 |

| | 周二 / 79 |
| | 周三 / 80 |
| | 周四 / 81 |
| | 周五 / 83 |

## 时代新思考 / 85

| 第11周 | 周一 / 85 |
| | 周二 / 87 |
| | 周三 / 88 |
| | 周四 / 89 |
| | 周五 / 90 |
| 第12周 | 周一 / 91 |

## 成见与创新 / 92

| 第12周 | 周二 / 92 |
| | 周三 / 94 |
| | 周四 / 95 |
| | 周五 / 97 |

## 思想的价值 / 99

| 第13周 | 周一 / 99 |
| | 周二 / 101 |
| | 周三 / 102 |
| | 周四 / 103 |
| | 周五 / 104 |

| 第14周 | 周一 / 105 |
|---|---|
| | 周二 / 106 |

## 教育的内涵 / 107

| 第14周 | 周三 / 108 |
|---|---|
| | 周四 / 110 |
| | 周五 / 111 |
| 第15周 | 周一 / 113 |

## 个体与整体 / 115

| 第15周 | 周二 / 116 |
|---|---|
| | 周三 / 118 |
| | 周四 / 120 |

## 个人与环境 / 121

| 第15周 | 周五 / 121 |
|---|---|
| 第16周 | 周一 / 123 |
| | 周二 / 125 |
| | 周三 / 126 |
| | 周四 / 127 |
| | 周五 / 128 |
| 第17周 | 周一 / 129 |
| | 周二 / 130 |
| | 周三 / 131 |
| | 周四 / 132 |

| | 周五 / 133 |
|---|---|

## 文明的反省 / 134

| 第18周 | 周一 / 135 |
|---|---|
| | 周二 / 136 |
| | 周三 / 137 |
| | 周四 / 138 |
| | 周五 / 140 |
| 第19周 | 周一 / 142 |

## 道德与法律 / 143

| 第19周 | 周二 / 144 |
|---|---|
| | 周三 / 145 |
| | 周四 / 146 |
| | 周五 / 147 |
| 第20周 | 周一 / 148 |
| | 周二 / 149 |

# 人与他人 / 151

## 关系相处 / 152

| 第20周 | 周三 / 153 |
|---|---|
| | 周四 / 154 |
| | 周五 / 155 |
| 第21周 | 周一 / 156 |

|  |  |
|---|---|
|  | 周二 / 158 |
|  | 周三 / 159 |
|  | 周四 / 161 |
|  | 周五 / 162 |
| 第22周 | 周一 / 164 |
|  | 周二 / 166 |

## 理解他人 / 167

| | |
|---|---|
| 第22周 | 周三 / 167 |
|  | 周四 / 169 |
|  | 周五 / 170 |
| 第23周 | 周一 / 171 |

## 爱与帮助 / 173

| | |
|---|---|
| 第23周 | 周二 / 173 |
|  | 周三 / 175 |
|  | 周四 / 177 |
|  | 周五 / 179 |
| 第24周 | 周一 / 181 |

## 友谊之光 / 182

| | |
|---|---|
| 第24周 | 周二 / 182 |
|  | 周三 / 184 |
|  | 周四 / 185 |

## 不畏世俗 / 187

| | |
|---|---|
| 第24周 | 周五 / 187 |
| 第25周 | 周一 / 189 |
|  | 周二 / 190 |

## 悲悯与同情 / 192

| | |
|---|---|
| 第25周 | 周三 / 192 |
|  | 周四 / 194 |
|  | 周五 / 196 |

## 群体的反思 / 198

| | |
|---|---|
| 第26周 | 周一 / 198 |
|  | 周二 / 200 |
|  | 周三 / 202 |
|  | 周四 / 204 |
|  | 周五 / 206 |
| 第27周 | 周一 / 208 |
|  | 周二 / 209 |

# 人与自我 / 211

## 生命的价值 / 212

| | |
|---|---|
| 第27周 | 周三 / 213 |
|  | 周四 / 215 |

|  |  |  |  |  |
|---|---|---|---|---|
|  | 周五 / 217 |  |  | 周四 / 250 |
| 第28周 | 周一 / 219 |  |  | 周五 / 251 |
|  | 周二 / 220 |  | 第32周 | 周一 / 253 |
|  | 周三 / 222 |  |  | 周二 / 255 |
|  | 周四 / 224 |  |  | 周三 / 256 |
|  | 周五 / 226 |  |  | 周四 / 257 |
| 第29周 | 周一 / 227 |  |  | 周五 / 258 |
|  | 周二 / 229 |  | 第33周 | 周一 / 260 |
|  |  |  |  | 周二 / 262 |

## 生存与死亡 / 231

|  |  |  |  |  |
|---|---|---|---|---|
|  |  |  |  | 周三 / 263 |
| 第29周 | 周三 / 232 |  |  | 周四 / 265 |
|  | 周四 / 233 |  |  | 周五 / 267 |
|  | 周五 / 234 |  | 第34周 | 周一 / 268 |
| 第30周 | 周一 / 235 |  |  | 周二 / 269 |
|  | 周二 / 237 |  |  | 周三 / 270 |

## 物质与精神 / 238

## 挫折与逆境 / 273

|  |  |  |  |  |
|---|---|---|---|---|
| 第30周 | 周三 / 238 |  | 第34周 | 周四 / 273 |
|  | 周四 / 240 |  |  | 周五 / 275 |
|  | 周五 / 242 |  | 第35周 | 周一 / 276 |
| 第31周 | 周一 / 243 |  |  | 周二 / 277 |
|  |  |  |  | 周三 / 278 |

## 理想与目标 / 246

|  |  |  |  |  |
|---|---|---|---|---|
|  |  |  |  | 周四 / 279 |
|  |  |  |  | 周五 / 281 |
| 第31周 | 周二 / 246 |  | 第36周 | 周一 / 283 |
|  | 周三 / 248 |  |  |  |

|  |  |
|---|---|
|  | 周二 / 285 |
|  | 周三 / 287 |
|  | 周四 / 289 |
|  | 周五 / 291 |
| 第37周 | 周一 / 293 |
|  | 周二 / 294 |

## 认识自己 / 296

| | |
|---|---|
| 第37周 | 周三 / 297 |
|  | 周四 / 298 |
|  | 周五 / 301 |
| 第38周 | 周一 / 302 |
|  | 周二 / 304 |
|  | 周三 / 305 |
|  | 周四 / 306 |
|  | 周五 / 307 |
| 第39周 | 周一 / 308 |
|  | 周二 / 309 |
|  | 周三 / 310 |
|  | 周四 / 311 |

## 人生选择 / 313

| | |
|---|---|
| 第39周 | 周五 / 313 |
| 第40周 | 周一 / 315 |
|  | 周二 / 316 |
|  | 周三 / 317 |
|  | 周四 / 319 |

## 做人方法 / 321

| | |
|---|---|
| 第40周 | 周五 / 321 |
| 第41周 | 周一 / 323 |
|  | 周二 / 324 |
|  | 周三 / 326 |
|  | 周四 / 327 |
|  | 周五 / 328 |
| 第42周 | 周一 / 329 |
|  | 周二 / 331 |
|  | 周三 / 332 |
|  | 周四 / 333 |
|  | 周五 / 334 |
| 第43周 | 周一 / 336 |

## 把握当下 / 338

| | |
|---|---|
| 第43周 | 周二 / 338 |
|  | 周三 / 340 |
|  | 周四 / 342 |
|  | 周五 / 344 |
| 第44周 | 周一 / 345 |
|  | 周二 / 347 |
|  | 周三 / 348 |

## 求真求实 / 350

| 第44周 | 周四 / 351 |
| | 周五 / 353 |
| 第45周 | 周一 / 354 |
| | 周二 / 355 |
| | 周三 / 356 |

## 理解幸福 / 358

| 第45周 | 周四 / 358 |
| | 周五 / 360 |
| 第46周 | 周一 / 362 |
| | 周二 / 364 |
| | 周三 / 366 |
| | 周四 / 367 |
| | 周五 / 368 |

## 追求自由 / 369

| 第47周 | 周一 / 369 |
| | 周二 / 371 |
| | 周三 / 373 |

## 克制欲望 / 374

| 第47周 | 周四 / 375 |
| | 周五 / 376 |

| 第48周 | 周一 / 378 |
| | 周二 / 380 |

## 成长旅途 / 381

| 第48周 | 周三 / 382 |
| | 周四 / 384 |
| | 周五 / 385 |
| 第49周 | 周一 / 386 |
| | 周二 / 387 |
| | 周三 / 388 |
| | 周四 / 390 |

## 审美人生 / 391

| 第49周 | 周五 / 392 |
| 第50周 | 周一 / 394 |
| | 周二 / 395 |
| | 周三 / 397 |
| | 周四 / 398 |
| | 周五 / 399 |
| 第51周 | 周一 / 400 |
| | 周二 / 401 |
| | 周三 / 403 |
| | 周四 / 404 |
| | 周五 / 406 |
| 第52周 | 周一 / 408 |

周二 / 410

周三 / 411

周四 / 413

周五 / 414

## 假期补给站 / 417

第1天 / 418

第2天 / 420

第3天 / 422

第4天 / 424

第5天 / 425

第6天 / 426

第7天 / 427

第8天 / 429

第9天 / 430

第10天 / 431

第11天 / 432

第12天 / 434

第13天 / 435

第14天 / 436

第15天 / 438

第16天 / 439

第17天 / 440

第18天 / 442

第19天 / 443

第20天 / 444

第21天 / 445

第22天 / 446

第23天 / 447

第24天 / 448

第25天 / 449

第26天 / 450

第27天 / 451

第28天 / 452

第29天 / 454

第30天 / 456

# 人与自然

# 生态伦理

"灵长"一词,用于动物分类,很具有诱导性,让人类感觉自身可以凌驾万物之上。受本位局限,人类对于自然的态度动辄主宰、战胜、占有。其实,狂妄的人类很脆弱,而谦卑的自然却具有惊人的自愈力,不管是为人类命运计,还是延绵自然之伟力,都应把人类看作自然的一部分,多去敬畏、融入、顺应,这既是生存策略,也是伦理规范。

我呢,我拥有一朵花,我就天天给它浇水;我拥有三座火山,我就每个星期给它们疏通清理。……我能做对火山、对花有益的事,才叫作拥有它们。

——安托万·德·圣·埃克苏佩里《小王子》

【解读】

埃克苏佩里借小王子之口,表达了他对于"拥有"一词的定义:拥有,不是仅有拥有者一个主体,便可形成的关系,而是拥有者和被拥有者双方相互的惠利联系;也并不意味着一方可以绝对地支配另一方,而是一种建立在友善亲近、彼此携手的基础上的。只有这样的"拥有",才健康适宜,才可以长久维持下去。

"拥有"相对于"占有",温柔而和谐,这是它得以存续的原因;换言之,充斥着征服、压迫和暴力色彩的占有,必定短暂,且多以互相伤害的悲剧告终。大到世界范畴内的国际冲突,小到和谐人际关系的维持,历史和人生,正不停地向我们论证这一点。人们不断地过度开发一块又一块土地,温室效应的恶性循环等现象都在告诫人类:人们不应试图去支配自然,而是要尽力保护、亲近她。否则,终有一日会遭到反噬,只得自作自受。

"大自然是善良的慈母,但同时也是冷酷的屠夫",最终会遭遇自然怎样的对待,主动权其实仍掌握在人类手中。

(焦思涵)

对你来说，我无非是只狐狸，和其他成千上万只狐狸没有什么不同。但如果你驯化了我，那我们就会彼此需要。你对我来说是独一无二的，我对你来说也是独一无二的。

——安托万·德·圣·埃克苏佩里《小王子》

[解读]

"爱"就是一种关系的建立，而在关系建立的过程中，"驯化"不可或缺。"驯化"指的是通过时间的付出、真心的交付、相互的磨合，而使关系双方具有一种不可替代性，并且产生一种无法割舍的相互需要和责任感。而只有当爱变得具体而独一无二时，这样的爱才能给人带来真正的满足感，才有力量。

人的欲望是无限的，因此获得满足感并不是件易事。如果没有付出时间与真心，没有进行"驯化"的这一过程，而只有泛泛的爱，这便会导致只是爱"美丽""有才华"等某种特质，但对象则随时可变，飘忽不定，我们便会一直挣扎在这种虚无混乱而无止境的追求中。

于物亦是如此，也需要"驯化"，与具体的物建立具体的关系，求质而不求量。小王子曾在各个星球漫游，遇见了只喜欢赚钱的生意人、傲慢的国王、爱喝酒的人、写了无数书的学者，他们拥有金钱、地位、物质、知识，但仍贪婪而不满足。这就是因为他们只是索取，没有付出，没有与外物建立起真正的联系，占有物品却不是真正拥有，内心的孤独感无法消除，满足感也无从建立。

曾听到过一种对待物的态度，即"反消费主义"，珍惜已拥有的一切物品，坏了想办法修补而不是换一个，平时注重保养而不是随意消耗。他们对待物品像对待朋友一样珍惜，像维护人的关系一样维护与物之间的联结，甚至创造出交往的回忆。这其实就是对物的一种"驯化"，在珍视与付出中获得了情感上的满足。

我们之所以要"爱"，就是要与外界建立真实的联系，不孤立地活在世上。小王子因为爱上了生长在星球上的一朵玫瑰，因此夜空不再沉默，而是弥漫着玫瑰的芳香。狐狸则因为在麦田里遇到了小王子，不再对麦田无感，而是爱上了风吹麦浪。只有具体而深刻的联系才能使爱真实可感，成为支撑我们前行的力量。

（金禧艾）

> 比起北京雨后春笋一样耸立起来的高楼,北京的花木的生长就显得更慢。因此,对花木要倍加爱惜。
>
> ——汪曾祺《生活是很好玩的》

【解读】

浪漫的汪曾祺从时间消耗的维度,将渺小的草木生命体看做了比高大的人类建筑物更加宝贵的东西,展现了他对自然的热爱,对生命的崇敬以及对人们要爱护自然的呼吁。这与卢梭在《生活在大自然的怀抱里》表达的"不,全身辉煌的所罗门也无法同它们当中任何一个相比"的态度不谋而合。人类也许能够创造出恢弘的建筑和精密的仪器,但却不能让生命和自然违背规律地发展。我们永远无法征服自然或拥有自然,因而,我们应当以一种谦卑的态度去学会热爱自然,欣赏自然,善待自然。

(沈昕)

第1周
周四

泰坦尼克号沉了,对人类来说是一场巨大的灾难,但对船上餐厅里活着的龙虾来说,那就是生命的奇迹。

——相声台词

【解读】

站在人类的视角,我们固然认为泰坦尼克号的沉没是一场灾难;而从海鲜的视角看,我们会发现,或许它们会因此回归大海,生命得到延续。这句话看似是戏谑之言,实际上背后蕴藏着很深的唯物辩证法原理。每一件事都具有两面性,这两个对立面共同构成了矛盾的统一体。"福兮祸所伏,祸兮福所倚",没有绝对的好事和坏事,你所认为的好事和坏事如果改变一下视角,或许性质就会发生转化。

很多时候,我想我们应该换个视角看问题,看到事物的另一面。但实际上,这并不容易,有时也不合常理,比如人类显然不能和海鲜互换视角。但是,为了认识事物的另一面,我们可以通过保持理性的头脑总结反思,用长远的目光,尽可能全面地认识事物。

  当我们面对生活中的不幸时,我们也要看到不幸背后积极的一面。正是这一次次挫折的打磨,才让我们积累了经验,磨砺了心智,为我们今后的成功打下了基础。泰坦尼克号的灾难,让人们改变了一系列航海的要求,人们才没有再遇到更大的海难,或许这对后来的人们也算是一种幸运。当我们拥有幸运时,我们也万万不能放松警惕,要保持理性的头脑,换个角度从长远想想今日的幸运究竟会带来什么样的结果。就像泰坦尼克号上的海鲜,尽管逃离了人类的刀叉,但面对海洋中捕食者的血盆大口,它们真的还会继续幸运下去吗?

(战果)

后来,轻率鲁莽的一代代人诞生了,毫无远见的贪婪产生了,人们不爱惜东西,也不爱护自己,这一切就消失了。现在一切都改观了,人不可能再像柯希莫那样沿着树木畅行无阻了。

——伊塔洛·卡尔维诺《树上的男爵》

【解读】

《树上的男爵》的故事之所以能够成立,要归功于工业时代尚未到来。在柯西莫的时代,生产力发展程度较低,对自然存有依赖的人们依旧怀着对自然的敬畏,自然也因为人类的尊重与合理开发而给予了人类应得的资源,比如清洁的空气和水源。不爱惜、敬畏大自然,大自然也会切断给人类的馈赠,人类对自然的破坏最终将由自己来承担恶果。

工业革命不止疏远了城市中的树木,也疏远了城市中的人类。因为欲望被放大,人们之间的利益对立也更加明显,人们不爱惜他人,也在人际关系的冷漠中走向了虚无,不再爱惜自己。这种心灵的疏远和柯西莫选择在树上生活,在生活中远离人群是不一样的。虽然柯西莫形式上与社会脱离,成为"树上的男爵",但柯西莫始终与地面世界保留着种种联系,如和强盗交换书籍,成为知己;也承担着地面社会的一系列责任,如领导罢工活动和打狼。他存在于和森林一样热闹的人群当中。

　　规避这种轻率、鲁莽和贪婪,并不意味着发展的停滞,我们更应当去主动选择付出而非索取,着眼于长远而非眼前,不被欲望所蒙蔽,才能够与自然环境、人类社会和自我内心构成的世界和谐共生,去尽力克服人类天性中的欲望。

(沈昕)

# 人是画中仙

"以我观物,故物皆著我之色彩。"王国维对"有我之境"的文学论述,同样适用于人与自然万物之观照。人能否理解、欣赏、融入自然,主要取决于其心境与视角。当我们拥有了对生活的热忱、宽容的胸襟、达观的智慧,自然是领悟并理顺了人与周遭的关系:感恩相遇,平等对话,相互成全,内外和谐。

谁羡骖鸾,人在舟中便是仙。

——欧阳修《采桑子·天容水色西湖好》

【解读】

欧阳修泛舟西湖,月白风清,湖水澄澈,天容水色相映,广袤无际。此景之下,便生发出何必乘鸾升仙,人间游船之乐已足矣之感。我想他所描述的,正是纯粹沉浸于当下,在对周遭之景的充分感知中放任心绪波动,从而获得心灵上强烈的快慰与自由感,因而飘飘欲仙。

事实上,世间每一个人精神世界的延展均非基于对理想化出世道路的苛求,而起于对眼下生活中一切的用心体察——我们本就置身于"造物者之无尽藏"的环绕之中,无须疲于寻求诗意、浪漫,最大的幸福莫过怀揣真心,注视眼前,看见那些动人的细节,在有限的人生中慢慢积累对广博万物无尽美好的收集,在刹那间收藏永恒。

当然,所谓"凡我眼见,皆我所有"的充实,不仅仅止于接触、拥抱大自然的情致与生气,更在于"我"因此而起的所感所思。能够作为独立的精神主体,在个人意志中塑造自我的唯一性,或为人类令人着迷的特质之一;精神空间不断拓展、丰沛,更因其漫无边际而令人痴迷,正如《刀锋》中拉里所感慨,仿佛"只要踮起脚,伸出手来,天上的星星就能碰到",就好像"乘一架飞机降落在巍峨山的一片高原,空气沁人心脾"。而若能尽心接收美好,在自我意志的生长中充盈,随充盈而释放,大概便是司汤达式"活过,爱过,写过"的幸福。

(刘沐晴)

第2周
周二

> 万物静观皆自得,四时佳兴与人同。
>
> ——程颢《秋日偶成》

【解读】

朱光潜先生在《谈静》中,围绕诗句中的"静"字展开论述。当你的心灵达到"静"的空灵状态时,我们更容易激发自己的感受力,领略、寻找生活中的趣味,点亮自己的创作灵感。"在百忙中,在尘世喧嚷中,你偶然丢开一切,悠然遐想,你心中便蓦然似有一道灵光闪烁,无穷妙悟便源源而来。这就是忙中静趣。"

静的修养可以使你领略趣味,对于求学处事亦有极大帮助。当今社会,很多人浮躁至极,其实,让自己静下心来做事,安安心心做人,镇静平和处世,自然会收获自信与坦然。

可见,心灵的宁静可以帮助我们发现生活中的点滴美好,也可以帮助我们在纸醉金迷中坚守自我,可以让我们在尘世繁杂中享受私人时光,也可以让我们在独自一人时享受孤独。

当然,绝对的静可能失之偏颇,动静结合才能够保持活力不断进步。谈谈笑笑,跑跑跳跳,内心深处又不忘守护一份清宁,这或许就是生活的最佳状态。

(邓超)

> 与海为邻,住在无尽蓝的隔壁,却无壁可隔。一无所有,却拥有一切。
>
> ——余光中《与海为邻》

[解读]

住在海的边上,没有墙壁的间隔,没有提防和疏离。大海也许不会回答我们的问题,也不会和我们倾诉它的心事,但它毫无保留地对我们敞开,而我们也放下了内心的猜忌和隔阂,自然而真实地生活。

大海是一片纯净的水,它无法满足我们物质上的欲望。然而,面向大海的人却"拥有一切"。当人们放下内心的种种执念,离开喧嚣和纷繁的世界,回归自然的浩渺广阔,回归心灵的宁静和安定,人们也许失去了世俗意义上的"成功",却收获了心灵世界的充实丰盈。真正"拥有一切"的人,拥有的不是财富、名利和世人的敬仰,而是心灵与万物的合一,是庄子所言的"物视其所一而不见其所丧",是愿意打开自己的心,接纳世间并不完美但依旧真实可感的万物,热爱自然,也热爱自然中的人,是一种广阔的爱。这样的"拥有"是一种永恒的拥有,它来自人的内心,不依附于外物,故稳定不变。

  现代文明的发展,结果之一是对隐私的保护,这固然是出于安全需要和现代科技副作用的考量,但无可避免地导致了人与人之间的冷漠;结果之二是对物欲的追求,人们渴望实质性的"收获",却忘记了它们的暂时性,人们一边"走"一边"丢",精神世界可能是一片荒芜。无论经济和科技如何发展,我们可以传递善意,可以亲近自然,返归本心,不再"心为形役",不再把自己局限于狭隘的小我天地。

(申若昀)

> 我曾经惋惜于你生命之短暂,却忘了你的一季就等于我的一生。
>
> ——简媜《水问》

[解读]

面对花团锦簇,我们常惋惜花期之短,不能长久地欣赏这绚丽的自然之姿,感慨人类似花般易枯萎,又"哀吾生之须臾,羡长江之无穷",生命个体,太过短暂。世间总有更为长久的事物,因此生命长度并不能作为唯一的评判标准。若要给衡量生命的意义定一个标准的话,那就是生命的色彩。花季虽短,可花对于生命的执着与热爱不亚于人类。也正是由于这一份爱,花才会用一整个冬天深深扎根在土壤里,用一整个春天努力地发芽,愉快地开放。虽然万物有别,但都是秉承着宇宙之无限爱的生命。不管人生长短与否,请不要将鲜活的生命卡在时间的尺度里,否则将会渐渐褪色,要像花一样——给时光以生命。时光不会怜惜我们而停止流逝,我们应该做的是把握每一寸光阴,全情投入,尽情地去为自己的目标和理想奋斗,活出精彩的自己。

(陈怡皓)

人竞春兰笑秋菊,天教明月伴长庚。

——苏轼《送张轩民寺丞赴省试》

【解读】

这句诗的意思是:"人们竞相追捧春天的兰花而嘲笑秋天才开的菊花,上天让明月陪伴黑暗中生辉的启明星。"前句表达对单一而肤浅的世俗评价标准的讽刺,后句体现诗人的坚定信念与开阔襟怀。在温暖春日盛开的兰花固然好,但在萧瑟秋风中傲立的菊花也值得崇敬;而人们常常只在繁花似锦的春天追逐兰花、却讥讽菊花的不合时宜与清高孤冷,在秋天盛放的菊花就如同在黑暗中生辉的启明星一样,都是不被周遭世俗理解和支持的。它们的盛开和发光因环境的恶劣而需要更多的勇气与力量,去与严霜和黑暗搏斗。

按照世俗预设好的路径成功的人会得到更多追捧,不去打破条框而循规蹈矩的人能过得安逸愉快。然而即便世事大多如此,总有人愿意成为一片黑暗中发光的启明星;对此,诗人的回应是:上天总会让它与皎洁的明月相伴,黑暗中总会有清辉洒落。这是苏轼坚定的信念、也是他温柔的宽慰。

(冯羽墨)

第3周
周一

　　因为你要做一朵花,才会觉得春天离开你;如果你是春天,就没有离开,就永远有花。

——顾城《顾城哲思录》

**【解读】**

　　花娇弱可爱,可其存在依附于春天;随着春的逝去,花不可避免地凋零。诚然,一朵花,于千万绽放的生命中只顾专心于自我的生长便足够,它们可以在春日里尽情地展现生命的活力和美好:成为"粉墙斜露杏花梢"的报春使者,或是化作"春风不解禁杨花"的温和气息,抑或是"乱花渐欲迷人眼"的缤纷热情。

　　如果我们要做一朵花,我们便将自我的盛放当作生命的全部意义,我们的种种悲喜、意义和价值的判断,全部取决于单薄的自我。"取决于自我"当予以肯定,但花的自我是单薄的,因为其生命依附于春的赐予,漂泊无定。而对于一个人,倘若生活施予我们平静愉快的日子,我们便心怀喜悦地迎接,倘若其施予我们昏暗迷惘的日子,我们便哀叹生命的无常和命运的不公,哀叹昔日的光辉和欢乐不复,我们便觉得自己永远在失去,又不知满足地渴望着生活赐予我们另一个福祉和机遇,在幻想和自伤中,终将失掉自我。

然而春天所涵容之物远比花更为丰富深沉。空间概念上,春广袤而宽容,花在春日里繁盛,任何事物在春天都得以生长;时间概念上,春天温暖而柔和,花在春日里绽放,任何事物在春天都温柔灿烂。于是春在时间和空间的概念里不尽地绵延,其生命得以永恒,其自我的价值得以真正实现。而人,虽定要接受化作春泥的结局,但在生命的过程里,却可以去追寻春天。花一样的人只懂得爱自己,春一样的人爱自己也爱生活,爱世界上的一切美,也爱一切残缺。他们打开自己的心,让生活的气息通彻地穿过,在抚慰和撕扯中,重归于原始的平静。"盛衰无非都是生命的一部分",人的心有多宽广,其生命就有多充盈。如果我们走出那窄窄的一方天地,去看一看生活的广阔和绚烂,无所不包,或许我们也可以认为,一切都可以属于我,并将一直属于我,因为我用我的爱将它们装在了心里。

(申若昀)

# 自然的哲思

天地万物运行,其本身就是规律、哲理和美。庄子云:"天地有大美而不言,四时有明法而不议,万物有成理而不说。"天地万物的"大美""明法""成理"早就先于人而存在,人与自然相处的过程,就是探寻、发现、领悟天地堂奥的过程。人应珍视这一过程,在观照自然的同时,内省于心,自我完善,进而追求生命的深度和美感。

刻意去找的东西,往往是找不到的。天地万物的来和去,都有他的时间。

——三毛《谈心》

【解读】

　　追求美好事物,如果目的性过强,往往会事与愿违,这背后是人们对自然规律的忽视和对结果的苛求。我们过于偏执,急于求成,把短期的不遇误以为不得,陷入自我怀疑;我们又把美好事物塑造得过于理想,于是总是不顺心意。

　　对结果少一些期待,专注于过程本身,往往会让人走得更充实、更幸福。不断探索创造而不问前程,让我们心无杂念,少了对结果的不安和焦虑,便更容易发现问题,完善自我。在长期的坚持下获得实力与底气,好的结果自来。何况,万物的来和去,本就有不确定性,它必然存在,却未必如期而至。少一些苛责,把相遇视为一件幸事,将离去看作最好的安排,会让我们的惊喜感、满足感倍增,对生活拥有更多的沉浸与感激。

　　其实,所谓的美好结果,是主观争取和外在机遇共同创造的。因此,不如为此付出最大程度的努力,然后坦然等花开。

(刘卉馨)

借芦苇的摆动，我们才认识风；但是风还是比芦苇更重要。

——安德烈·纪德《人间食粮》

[解读]

芦苇的摆动可以证明风的存在，而风的助推是芦苇摆动的原因。事件的因果联系是如此紧密，人们却往往只看见表面的结果而不见深处的原因。如果那是一阵本应抑制的"风"，便更应该尽早有所觉悟。可浮躁的心气，思维的惰性易使我们浮于表面，使得自己着迷于芦苇而被裹挟在风中不自知。像许多社会新闻，人们只是对它们加以指点，暗笑荒诞，却忘了同为一个物种，同处一个社会，谁也不能保证自己不会覆其老路，因此我们需要静下心来仔细分析现象，不向复杂的联系屈服，亦不忽视近在眼前的真相，找出原因并制订对策加以预防，如此才好平息一阵本不该刮起的"风"。如果那是一阵"实用"的"风"，发现它便可使我们在理性思考中借其探索更多的奥妙,像伟大的发明家们总能从生活的点滴现象中,迸发出造福千秋后代的灵感;如果那是一阵蕴含哲思的"风",那我们便可在张开双手拥抱它之时,领悟生命的真谛……

但是事事究其根本太难,也没有必要。有时原因未必就比结果重要,在抓住了心中所认为最重要的东西之后,静观"芦苇"摇曳也没有什么不好的。

(施念希)

第3周
周四

一个植物学家要花几堂课才能对我们讲得清楚的东西,这朵花只需一分钟就解释清楚了。

——安徒生《幸运的套鞋》

[解读]

对美的欣赏是科学解释无法代替的,当看到花开时,我们大多数情况下,不愿接受植物繁衍固有规律的知识,而是希望以审美的态度来端详大自然。

在朱光潜的《我们对于一棵古松的三种态度》中,就提到了实用的、科学的和美感的三种态度,其中表达了科学的和美感的态度的差异。植物学家对植物生存方式的探索固然对人类发展有其必要性,但却无法穷尽生命的美感,无法让人成为"心灵的主宰",形式上复杂化,却在内核上简单化了生命的价值。

(沈昕)

人与社会

# 社会责任

本部分的粹语皆出自先哲、先驱、先烈：柏拉图、马克思、谭嗣同、鲁迅。他们"以天下为己任"，深刻的思想指向社会发展的规律，敏锐的目光洞穿人性的终极，博大的胸怀包容世间的不公与苦难。他们的思想和事迹，启蒙和激励着后人，走出"小我"，塑造"大我"，责任"在我"。如果你感觉"无穷的远方"太过遥远，"无数的人们"太过庞大，那么就先追求"让身边的人们因我的存在而感到幸福"吧！

第3周 周五

　　友人泛舟衡阳，遇风，舟濒覆。船上儿甫十龄，曳舟入港，风引舟退，连曳儿仆，儿啼号不释缆，卒曳入港，儿两掌骨见焉。北风蓬蓬，大浪雷吼，小儿曳缆逆风走。惶惶船中人，生死在儿手。缆倒曳儿儿屡仆，持缆愈力缆縻肉，儿肉附缆去，儿掌惟见骨。掌见骨，儿莫哭，儿掌有白骨，江心无白骨。

——谭嗣同《儿缆船并叙》

【解读】

　　这是一篇寓言式的小叙,记叙了暴雨大风中小儿曳船的一幕。不难看出,作者谭嗣同自比为"曳船儿",其余的"船中人",则是当时之中国社会及国民的象征。为大者牺牲小者的精神,是这篇小叙的核心,与这类精神联系的文学、名言段落并不少见,这段小叙的特色在于其极具文学性与浪漫感,贴近生活又易于理解。

　　对小儿来说,曳船是其职责,但为这一职责冒着风雨,导致"儿肉附缆去,儿掌惟见骨",正是因为他们为群体牺牲自身,冒生命危险去"挽大厦于将倾"。

　　儿掌的白骨和江心船中人的生命,既有珍贵的共同之处,又存在不同之处,因此,这段话里既能读出小儿的执着,又能理解其付出的合理性。"掌见骨,儿莫哭"的结尾,字面是对小儿的劝慰,深层则是谭嗣同为变法献身的自我劝慰与豁达胸怀。

(郝海天)

> 如果人只是为了自己而劳动,他也许能成为有名的学者、绝顶的聪明人、出色的诗人,但他绝不可能成为真正的完人和伟人。
>
> ——马克思

**【解读】**

一个人只有为人类的共同事业多作贡献,才有望成为"完人和伟人"。人的价值在于创造价值,在于对社会的责任和贡献,即通过自己的活动满足社会、他人和自己的需要。只为自己而活的人,可能会在自己的专业领域取得杰出的成就,但他走不出小我的狭隘天地,难以为社会和他人作出贡献,无法实现崇高的人生价值,自然无法称之为"伟人"。

"伟人"选择个人生活道路时,不为虚荣心和幻想所左右,不为名利和社会地位所诱惑,把为最大多数人的幸福而劳动作为主要目标。我们纵使无法达到伟人的高度,也应力求在平凡的生活中心怀世界和他人,毕竟"无尽的远方,无数的人们,都与我有关"。

(黄尚文)

> 希望是附丽于存在的,有存在,便有希望,有希望,便是光明。

——鲁迅《伤逝》

【解读】

这句话放在现代的语境下理解是相对平淡的,但如果能还原鲁迅先生20世纪初期的创作背景便能体会到这句话所蕴含的文字张力与启迪作用。

在那个救亡图存的年代,更多"存在"直接展现着社会中黑暗、陈旧等亟待改变的一面,但是光明、新兴、突破束缚的"存在"却被隐藏在社会发展的规律中,萌芽尚浅,因而这种"存在"是单薄的,难以被人们所察觉的。所以从总体来看,那个时代的人们因为不能明确新事物及新趋势的存在而陷入黑暗与绝望中。

此时此刻,社会进步的突破口便是革命者与知识分子。他们以担当的情怀与前瞻的眼光,洞察到使美好社会蓝图成为"存在"

的力量,并为之奋斗。正是他们的斗争放大了那种微弱的"存在",而使得更多人在存在的具体实践中找到了方向,燃起了希望,进而众人拾柴,开辟了民族凤凰涅槃,浴火重生的新征程。

　　将这种"存在"上升到具体与抽象的意识层面,人们往往容易感知具体,但是抽象尚需思维的加工,这便是"存在"发端的价值与意义的体现。一个成熟的思想不能只停留在等待存在出现,而应当从种种抽象的迹象中感知"存在",在付诸实践的过程中,放大这种"存在"的表现与价值。

　　我们从"存在"中窥见光明,也要用双手创造存在,创造光明。

(刘伊濛)

孩子害怕黑暗，情有可原，人生真正的悲剧，是成人害怕光明。

——柏拉图

【解读】

黑暗，一方面，给人以未知的安全感，给人以非正义、非善良的痛苦和失落感。稚气未脱的孩子对世界所知甚少，经验匮乏，因而恐惧黑暗，这是对未知的不安和恐惧，而这会随着阅历的增长和知识的丰富而渐渐减弱。另一方面，人性中固然善恶并存，但对于孩子来说，终究是纯良和美好的本性支配其行为，只有身处光明，才会对黑暗产生疏离和厌恶感。所以孩子对黑暗的恐惧，实则表示了光明和黑暗的对抗。故而孩子害怕黑暗，情有可原。

然而，人犹如一棵树，虽要尽力向深处扎根，但扎根的目的是向上、向光明的地方生长。我们渴望"命运与共，天下大同"的美好未来，渴望各种肤色的人快乐和谐地共处。对光明、幸福、和谐的追求,自古以来成为无数人为之倾尽一生的目标。追求光明,已成为了每一个成年人肩负的重任。于己而言,成人应有破土而生、追逐光明的勇气和志气,有排除外界干扰、追寻自身幸福的能力;于更广阔的人类生活而言,成人有燃烧和奉献自我、为他人和社会创造价值和幸福的责任,让人类作为共同体而生存、发展和繁荣的责任。成人应当追求光明,而不能害怕光明。

害怕光明,是对责任的逃避,是对自我的不诚实,如同一粒种子因为害怕太阳的灼烧和空气的流动侵蚀而畏惧从泥土中露出。在追求光明的过程中,人们自然要面对各种各样的考验,无论是来自自我的还是外部的。但是,畏惧追求的过程让心之所向的光明无法到来,人不能让自己幸福,更遑论让他人幸福。同时,畏惧光明的,常常是身处黑暗之人。他尚未与内心达成共识,因未身处光明的自己而恐惧,无法从黑暗中迈出。一个内心无法坚定对美好的追求并知行合一的人,无法如君子般"坦荡荡",通常只能如小人般"常戚戚"。

始终追求美好和光明的人,未必能到达心之所向的终点,然而我们不可因此而转变了我们对世界的认识。理想终究会实现,无论早晚;美好终究要到来,无论先后。坚守光明的信仰,我们学会了勇敢、坚持和从容,本身就是一种幸福。

(申若昀)

# 家国情怀

家国情怀的本质,是主体对所属共同体的价值认同与情感归属,其抽象且具体,宏大而切近,从个人修养到心怀天下,从行孝尽忠到天下为公,都可体现家国情怀。家国情怀之于当代青年,不必是刻意追求的宏大叙事,它可以至微至细。坚持做好手头事,功不唐捐,亦是家国情怀之体现。另外,传统发展至当下,有些内容已不适合时代要求,这便需要我们随时舍弃。但家国情怀的内核应始终持守,那就是主动作为、敢于担当、家国为重、去私为公。

第4周
周四

> 优胜者固然可敬,但那些虽然落后而仍非跑至终点不止的竞技者,和见了这些竞技者而肃然不笑的看客,乃正是中国将来的脊梁。
>
> ——鲁迅《华盖集》

**[解读]**

在运动赛场上,取得金牌的运动员值得我们尊敬,但那些没有夺得金牌,甚至成绩"垫底"的运动员也同样可敬。我们把尊敬的目光投向那些难民代表团运动员,他们在极为艰难、简陋的条件下训练,或许冒着生命危险换来了今天参加比赛的机会,但最终他们的名次却排在人们也许根本不会关注到的位置。他们并非不清楚自己的水平与其他国家的运动员相差甚远,他们也明白自己难以在奥运会上获得奖牌,但他们仍旧来了,他们仍旧刻苦训练,克服了来自各方面的重重困难,带着坚定的梦想与信念来了,在赛场上拼尽全力,直到比赛结束。这样的勇气,同样值得人们尊敬,他们也得到了来自世界的敬意。

这令人不禁回想起1932年的美国洛杉矶奥运会,当年的中国远没有今日强大,我们仅有一位运动员——刘长春奔赴美国参与奥运会。他经过了大约20多天的海上颠簸到达赛场,但在首轮比赛便被淘汰,甚至在赛后只能依靠当地华侨帮助才能回到中国。当时的报纸写道:"我中华健儿,此次单刀赴会,万里关山,此刻国运艰难,愿诸君奋勇向前,愿来日我等后辈远离这般苦难!"昔日首轮比赛的淘汰与如今中国体育健儿的摘金夺银,体现着中国的强大,而同时,面对如难民代表团、伊拉克羽毛球运动员等落后而仍非跑至终点不止的竞技者,我们所表现出的敬意,更是当今中国强大的表现。"因为我们淋过雨,所以想为别人撑伞",什么是一个国家真正的强大? 也许国力强盛是一种强大,但那些"落后而仍非跑至终点不止的竞技者""见了这些竞技者而肃然不笑的看客",那些经历过风雨苦难后,重新走向强盛却仍能对其他弱小的人或国家温柔以待的,才是灵魂与内核中真正的强大。

(李欣雨)

第4周 周五

当我们民族生命在呼吸之顷,我们如果不能多做事,至少不要少做事。假如你们真去拼命,我们极端赞成你们不读书。假如你们担任了后方的切实工作,我们决不反对你们告假。且平心静气的、忠实的想一想:有,不必说;没有,你们就该做你们每天做的事,绝对不应该少做,不做……

——清华大学《告同学书》(1933年)

【解读】

1933年1月初,日本侵占中国山海关,平津动摇、人心浮动。对此,清华学生自治会向校方提出"缓考"要求,理由不是抗日救亡,而仅仅是"避危乏术"的懦弱恐慌。校长梅贻琦断然拒绝,他给出的理由是,"如果不能够多做事,至少不要少做事",此言得之。

有作战能力的学生，自然鼓励他上前线为国效力，但是这种学生毕竟是少数。多数的学生，身处的是学术环境，很少接触军事领域，除非在部队经过严格的训练，确实没有能力上前线或是出谋划策，一时实在难以再多做事。而这种情况，从学生群体推而广之到整个社会，也是成立的。

在这种前提下，在力所能及的范围内做好本分的事，维护好坚实的大后方，也是对国家、民族的一种支撑，一种英雄主义。这与在疫情防控形势下，人们待在家中，道理是一样的：每一个社会分子，都应在危难之中仍然坚守并维护社会各方面的运转，国家才能够繁荣稳定。

然而，一个人若"少做事"——连本分的事情都不做，则会给国家添乱。试想，倘若所有不具备战斗能力、不能为国出谋划策的人，都以"避危乏术""赤手空拳"的理由而放弃自己应作的事务，那么整个社会的运转就将陷入瘫痪，整个民族的精气神就将萎蔫，人心就将涣散，最终整个国家或许难免"人不亡我，我先自亡"。

"华北之大，竟容不下一张安静的书桌"，在危难面前，每个人的心中都不平静；可是，若只一味地恐慌而不能脚踏实地，又何谈克服危难？并不是说，做好本分的事就是对形势的漠不关心，相反，冒进的、暴虎冯河的举动才是不明智之举。对于学生而言，更踏实、更刻苦地学习才可能使自己成才，从而早日投身实际的拯救和建设中去。

（李楚若）

爱国是一种态度，不是一双拳头；爱国是一种理性，不是一根铁棍；爱国是让自己的国家变得更好，不是去伤害自己的同胞；爱国不是泄愤，而是要先爱法治，是要让我们的基本公民权利得到尊重与捍卫。

——谷书强

[解读]

爱国是深植于国民心中朴素而深沉的情感，它给予国民以归属感与同源感。在外部压力的刺激下，往往能激发国民的正义感与奉献精神，强化民族凝聚力，感召国民捍卫国家利益与民族尊严。但"把爱国主义放在全球格局里审视，与别国发生关系的时候，爱国就不应止于情感，而还应诉诸理性"，爱国主义的表达与实践，应脱离野蛮暴力的手段，应抑制盲目情绪化的冲动，应警惕盲目排外的极端民族主义。国民是国家实力的铸就者,也是国家形象的代言者。在当今全球化格局中,国民应怀有现代公民素养,坚守法治精神,拓展全球视野。爱国情怀应以理性精神为支撑,追求目的、手段与效果的和谐统一。

随着信息化与经济全球化的发展潮流,人类命运共同体的价值理念深入人心,我们需重新审视新型国际形势下中国的发展姿态。于内,我们应坚守文化自信,发扬主人翁意识,将爱国主义的口号与情怀落实于实干精神中,以创新引领国家发展;于外,我们应立足"各美其美,美人之美,美美与共,天下大同"的交往理念,涵养兼容并蓄、海纳百川的大国气度。全球化格局需要我们怀有"全球视野"与"共赢心态"。而一旦国家遭受侵犯,中国也必定有捍卫主权的决心,以符合法律程序、道德文明的手段,维护主权。此时,国民同样需求"坚守文明法治的底线",在表达爱国主义的同时怀有理性自觉与大局观。

(王一帆)

爱因斯坦生生将一座物理大山凿穿而得出一个哲学的理论：当速度等于光速时，时间就停止；当质量足够大时，它周围的空间就弯曲。那么，我们为什么不可以再提出一个"人格相对论"呢？当人格的力量达到一定强度时，它就会迅如光速而追附万物，穹庐空间而护佑生灵。我们与伟人当然就既无时间之差又无空间之别了。

——梁衡《大无大有周恩来》

【解读】

周恩来总理的事迹为什么这样地感人至深,感人至久呢?正是他的"死不留灰,生而无后,官而不显,党而不私,劳而无怨,去不留言",在人们心中撞击、翻搅和掀动着大起大落、大跌大荡的波浪。他的博爱与大德拯救、温暖和护佑了太多太多的人。平日常人相处尚投桃报李,有恩必报,而一个伟人重建了国家,复兴了民族,润泽了百姓,后人又怎能轻易地淡忘他呢?他越是这样地"无",后人就越感念他的遗爱;那一个个"无"也就越触及人们的心灵。这么多年过去了,思念又转化为人们更深的思考,于是周总理的人格力量在浓缩,在定格,在凸显。人格的力量一旦形成,便超时空,形成一个巨大的精神场域,以他们独特的方式影响着我们。

(张锦茜)

朋友们,在你最悲观失望的时候,那正是你必须鼓起坚强的信心的时候。你要深信,天下没有白费的努力。成功不必在我,而功力必不唐捐。

——胡适《1932年致毕业生》

【解读】

"无我"与"有我",并不矛盾,甚至能够相辅相成,共同形塑奋斗者的精神姿态。两者能够统一,正因为它们是同一话题之下对不同层面事物的态度:"功成不必在我",是懂得功劳榜单上不一定写着自己的名字,明白投入心血自己也不一定得到肯定,在功劳的归属、成果的享受上,达到"无我"的精神境界;"功成必定有我",是尽心竭力投入到做事中去,在实干之中,肩起"有我"的责任担当。

功劳和成果是否有"我",本就是未来的事,并非是意愿能决定的;当下的事,才是我切切实实能够决定、掌控的。做好"可能无我"的心理准备,让人放下对结果与功名利禄等的杂念,只专注于走好蓝图上的每一步,以更踏实、更投入的态度,在成就的大厦建成过程中,用汗水刻下自己的印迹。这让我想起林觉民、夏明翰等近代仁人志士,尽管捐躯国难,没能等来心目中理想社会的模样,却也义无反顾,从未停歇。

"无我",事实上也是推开了狭隘的小我私利,放眼望向更广大的人民甚至人类群体,而不是仅仅瞄准自己的一点小利小得。怀揣这般格局胸襟,"有我"的行动便可更坚定、更崇高,带给人以厚重的充实感。

我愿意相信,为家国富强、人类福祉而奋斗的人们不会被亏待,此时"有我",彼时便终不会落得"无我"。伟大的成就往往用它的光辉遮掩住了支撑它拔地而起的芸芸个体,也许在看到伟大成就的第一眼,我们只是感到单纯的震撼。但是,当我们在静默与沉思中,想起它背后的庞大群体时,内心一定会对筑成这成就的每一个奋斗个体生出崇高的敬意。今日中国的和平安定,又何尝不是无数英烈捐躯摩顶换来的?我想,当"无我"因后人的惦念而转为"有我"的时候,爱国之情就在赓续中得以传承。

(李楚若)

# 历史观念

历史,是对人类社会过去事件和活动的记录或诠释的总和,其内容在于过往,但其价值却指向当下和未来。人们好像都知道"不鉴往无以知来"的道理,但黑格尔说过一句让人类羞愧的话:人类从历史中学到的唯一教训,就是没有从历史中吸取到任何教训。所以,"以史为鉴"绝不是标语口号,每个时代的人们应将自己置身于历史发展的真实场域中,总结规律,吸取教训,博观约取,为我所用。

历史对于整个人类而言,如同记忆对于每个人的意义一样重要。

——斯塔夫里阿诺斯《全球通史》

【解读】

个人记忆是人脑对往事的感知、识记。通过回顾记忆,借助记忆保存资料,个人能够不断积累生活经验,获取各方面知识与能力,进而推动个人的成长与进步。历史作为无数个体的共同记忆,是民族的根基。它承载着民族的共同情感与价值,凝聚着精神力量。探索历史是一场寻根之旅,通过历史溯源,探寻共同记忆,构建集体意识,凝聚情感,增进民族认同。历史的延续与传承,推动代代华夏子孙不忘本源,自强不息,肩负历史责任与使命,巍然屹立于世界之林。

历史是人类的共同记忆。史书记载了人类生产力的提高,时代的更迭与进步;史书汇聚了人类的智慧与成就;史书亦展现了一个个残酷而惨痛的经历,警醒人们勿重蹈覆辙。

唐太宗云:"以铜为鉴,可正衣冠;以人为鉴,可知得失;以史为鉴,可知兴替。"研究历史事件,通过古今对比获取经验,积累教训,取长补短,并结合当下具体情境,赋予历史新的时代意义,用过去的光芒指引现在的道路,推动社会进步、时代发展。

我们是历史的见证者,亦是继往开来的传递者。肩负历史责任,"为往圣继绝学,为万世开太平",推动历史的车轮滚滚前进。

(李牧之)

第5周
周五

一个民族,千百万人里面才出一个天才;人世间数百万个闲暇的小时流逝过去,方始出现一个真正的历史性时刻,人类星光璀璨的时辰。

——茨威格《人类群星闪耀时》

**[解读]**

人类绵延不绝,伟人则像断断续续的雷鸣,转瞬即逝,天下闻之。光芒熠熠的他们就像伴随着我们的日月星辰,我们不会时常想起,却总觉得他们永远会在。然而他们又和日月星辰不同,沉下去就不再升起,划过天幕就不再回来。他们光芒照射到的地方越多,你会越感到随着他们的离去,时代的一部分也随之定稿。

(孔令洁)

历史可能是一碗极为复杂的意大利面。每根意大利面都是一个竞争性真相:你选择抽出来的那根面条将决定你对过去的理解,而你的理解又会影响你现在的行动。

——赫克托·麦克唐纳《后真相时代》

【解读】

在高速发展的现代社会,正确的历史观在决定个体与国家的行动时尤为重要,而在大跨度的时空中,数不胜数的事件常彼此对立,构成复杂的历史系统,提供给人们评价过去的多样性。不同民族基于当前意图选择不同的时期与事件,有的甚至妄图"改写历史",从而形成截然不同的历史观,或逃避,或正视,或铭记。民族的集体性历史观念,影响着其前进发展的道路选择,也影响着其处理外部环境与内部事务的方式。

(田艺)

# 认识世界

人类认识世界的前提,是认知者先要向世界释放自己的价值,包括这组粹语中提及的崇高、包容、克制、尽力;然后要意识到并克服人类自身的局限性,如主观、片面、狂妄、偏狭等;最后运用科学的方法论去认识世界,才有可能获得世界的馈赠,看到世界真相,总结运行规律,掌握底层逻辑,建立与世界的联系。

世界的意义必定在世界之外。

——路德维希·维特根斯坦《逻辑哲学论》

【解读】

世界一切事情就如它们之所是而是,如它们之所发生而发生;世界中不存在价值,如果存在价值,那它也会是无价值的。如果存在任何有价值的价值,那么它必定处在一切发生的和既存的之外。因为一切发生的和既存的都是偶然的。使它们成为非偶然的那种东西,不可能在世界之中,因为如果在世界之中,它本身就是偶然的了。

(李丹枫)

第6周
周三

> 很多人觉得他们在思考,而实际上他们只是在重新整理自己的偏见。
>
> ——威廉·詹姆斯

**[解读]**

人们处于纷杂的社会关系中,日复一日地被外界声音浸染,且经由自身的主观强化,逐渐打造出一副看待世界的有色眼镜,不可避免生活在偏见之中,而真正的思考需要摒弃偏见,输出真正有价值的观点。当下互联网日益发达,信息茧房将人们包裹,接收信息和发出声音的成本降低,更使得越来越多的人认为自己在独立思考,然而事实上,其思考的空间却被日益强化的偏见所挤占,人们以为自己的视野更为开阔,实际却受到来自自我和外部的双重限制。人们应当走出这种狭隘和桎梏,开阔视野,理性思考,以定力对抗外界浪潮的裹挟,不断追求真理。

(杨晓菁)

一个浩大和奇幻的宇宙,可能是内在实相,或者我们都不知道的精神世界。有关真实的客体世界,我的思想要将我引向哪里?很显然,它不存在于我们可以看见、感觉和掌控的物体中,它不存在于我们如此赞叹的技术中。在泥土中、闪烁的星星中找不到它,它不存在于那些围绕着我们的坚实的知识中,在任何文化的团体、习俗或者仪式中也找不到它,它甚至不在我们所熟知的个人世界中。它可以算作神秘的或者现在还深不可测的"解离的实相",与客观世界完全不同。

——卡尔·罗杰斯《论人的成长》

【解读】

  我们唯一可能知晓的"实相",是当下我们所感知的世界。而每个人感知到的实相与"真实世界"是不同的。然而,对于部落、团体或者民族等群体而言,对真实世界组成的意见,即世界观,却有着一致性与统一性。群体中的人认为自己对世界和宇宙的知识是正确的。因此,这个群体的成员会谴责甚至杀害那些有不同观点的人,那些以不同方式感知"实相"的人。哥白尼、布鲁诺……这些感知到与一般人不同实相的人付出了惨痛的代价。尽管他们最终往往会被"平反",但那些对已知和确定的宇宙的坚持,却以一种文化维持黏合剂的形态存在着。

(郭咏涵)

> 天下就没有偶然，那不过是化了妆的、戴了面具的必然。
>
> ——钱钟书《围城》

**【解读】**

偶然与必然是对立的统一，任何偶然中都隐藏着其必然性，而许多的偶然也造就了必然。在世界上，没有单纯的偶然，更没有单纯的必然。我们所看到的偶然，可能就是无数的努力汇聚成的必然。世界上众多杰出的人，大多是因为一些偶然的事情而一举成名，但这些偶然的背后，是他们日积月累的沉淀，多年如一日的磨炼，才将偶然熬成了必然，是必然的付出才等来后面偶然的成功。

（连悦怡）

> 我们的眼睛就是我们的监狱,而目光所及之处就是监狱的围墙。
>
> ——尼采

【解读】

我们只是在自己所看到的狭小范围内,进行推理、分析、判断和评价,自以为掌握了真理,自以为认识了真相。其实不然,我们只是活在一个狭小的牢笼里,受困其中。而这个牢笼围墙之外的广阔世界和无限天地,我们无法目睹,无法企及,无法掌握。活在这个世间,我们所能看到的东西是如此之少,如此有限,所以我们距离事物的本质和世界的全貌是如此遥远。只有在求索知识和追求真理的道路上不懈追求,我们才能不断接近世界的真相,达到无限的境界。

(连悦怡)

心灵理解到万物的必然性,理解的范围有多大,它就在多大的范围内有更大的力量控制后果,而不为它们受苦。

——巴鲁赫·斯宾诺莎《伦理学》

【解读】

斯宾诺莎所说的这个境界和孔子所说的"知天命"很相似,一个人只有充分了解世界上各种事物的发展规律,才能理解事物必然性和偶然性的统一,从而拥有更大的格局。既接受生活积极的一面,又理解生活消极的一面,全面而辩证地看待问题。其实学习本身也是为了更多地去理解,越理解,越成熟,提高个体的自我调解力。

(杨晓菁)

当你的欢乐和悲哀变大的时候,世界就变小了。

——纪伯伦《先知》

[解读]

欢乐和悲哀,是私人化的主观情绪的概括。人主观的、情绪化的理解一定程度上影响着对世界的感知。客观事实或许与情绪的感知不一致,面对黑白之间、扑朔迷离的社会事件,人从已有信息中加工出的个人体会,便可能成为阻碍真相被揭示的屏障,先入为主的想法限制了思维,使人不愿相信多种可能,而宁愿躲在"信息茧房"中,享受纯粹由主观意识构建的、或许与真相和现实相去甚远的狭小的世界中。

"变小的世界",于个人视角,意味着陷入个人的喜怒哀乐,无法抽身去关注身外之事,世界的意义被缩小至眼前的方寸之地。无尽的远方,无数的人们,都"与他无关",由此错失掉观察世界的宏大格局,难以获得开阔的视野与宽广包容的心境。

于社会视角,当人们普遍只在乎自己的悲欢,那么世界将充斥着利己主义;当人们都意气用事,凭情绪主导举止,那么事实会被掩埋,冲突会被激发。情绪固然是生命活动中不可或缺的组成部分,但它需要和客观与理性保持平衡。

(雷玉佳)

第7周
周四

　　我们所居的世界是最完美的,就因为它是最不完美的。

——朱光潜《无言之美》

【解读】

　　这句话表面看上去自相矛盾,实际上蕴含至理。人人心目中都有个完美世界,然而各有各的不同;随着人自身的成长,对于"完美"的定义也因时而异。"完美"实质上是动态变化、流动的概念,是纯粹主观的判断,并没有一个理想世界可以使人人都永久性地认为它完美无缺。

　　况且,若是世界当真是完美无缺、无需改进,那么整日无所作为的生活会如一潭死水般无趣。既然没有缺陷,又何来改进与发展?既然没有缺憾,又何来希望与理想?朱光潜先生对此的形容是:"比好一点,是神仙的生活;比坏一点,就是猪的生活";马斯洛曾提出需求层次理论,认为人拥有由低级到高级的、不同层次的需求;罗素也曾说:"对爱情的渴望、对知识的追求、对人类苦难不可遏制的同情心,这三种纯洁但无比强烈的激情支配着我的一生。"由此可见,最纯粹而强劲的生活动力大多源于对现状的不满足,对未来的希望与对理想事物的追求。而希望之所以是希望、理想之所以是理想,就在于它们高于现实世界、优于现实状况——它们诞生于改变不完美的渴望,是因不完美的世界而生的。几乎所有人都承认:在生存得到保障,物质需要得到较大程度满足的基础上,获得精神满足与价值实现是人类固有的高层次需求,创造与活动的欲望深深铭刻在人类的天性中。

此外,人类的幸福体验并非来自于完美的结果与状态,而是来自于经由自身努力而最终实现相对完美的整个过程。这个过程固然包括最终达成的完满,但完美唯有在不完美的衬托下才有意义,唯有从不完美一路走来才能被真正体验。因而,"最完美的世界"若是按照静态理解便是彻头彻尾的悖论;若是按照动态理解,则我们所居的世界便能当之无愧。

正因世界在任何人眼里都同时拥有美好之处与不完美之处,创造才有了空间,奋斗才有了意义,生命才有了色彩。

(冯羽墨)

只要不失去你的崇高，整个世界都会向你敞开。

——游戏台词

[解读]

主体与世界之间往往有着依存关系。人难以摆脱听美言的暗喜，尽管自主能力强的人拥有肯定自我、正视自我的能力，但得到世界的回应和接纳仍是根植于人性深处的渴望。其中也不乏没有如愿的人，有时便呼天抢地，埋怨世界的不公与冷漠。

人的崇高是炽烈的愿望，是敢于确定理想、敢于追梦的愿望。这份愿望引导着人不断创造价值，追寻意义，使人生免于虚度；人的崇高是百折不挠的坚韧，是在强敌的一次次重击之下不断重整旗鼓的坚韧。这份坚韧成为我们坚硬的外壳，它让我们在一次次的苦难中得以在软肋上进化出鳞片，而不是在挫折中被彻底打倒；人的崇高是爱与善良，是甘愿为他人奉献的精神。通过奉献、付出、与人为善,实现生命的高贵。总而言之,人的崇高,是人性之中对真、善、美的执着追求。

如果一个人不失去他的崇高,那么,哪怕现状不如意,他也终会迎来世界的肯定。当一个人尊重了自己,坚定对美好事物的追求,以不灭的勇气对冲风波,他就更可能用自己的能力改变世界,在世界中开辟出符合他意志的一隅。当他的信念、毅力得到了世界的认可,世界就会以实现他的愿望作为回报。愚公所坚持的移山最终迎来了天神的肯定,屈原所坚持的正道最终迎来了历史的肯定。世界接纳了这些个体身上展现出的崇高的光辉,使他们的意志融入了世界的乐园。

(黄雨辰)

第8周 周一

只有早早地学会敞开自己心扉的人,以后才能把整个世界包容在自己的心里。

——斯蒂芬·茨威格《昨日的世界》

[解读]

茨威格有着伟大的精神,"把自己信念的一切力量都贡献给了这个愿望:实现欧洲的和平统一",虽然这一理想并未实现,但作者始终相信阴影是光明的产儿,并将自己经历的兴衰认为是生活的痕迹。

这或许可以为青年时期学习的目的和意义提供一种阐释,学习不仅仅包括学习课本知识,也不只是为了获得社会的认可而向着稳定可靠的道路前进,更重要的是在形成成见之前,充分发挥自己的热情,去探求过去的经典、当今的成就、未来的精神,进行多样而充分的吸收,打开自己的心扉,与不同的想法进行思维的碰撞。这不仅是在培养审美底蕴,也是在培养一种思考的习惯,适应思考状态的大脑在未来也不会麻木,而是会将好奇心融入血液。艺术可以熏陶心灵对万事万物由衷的尊重;在未来真正的冲击降临,需要面对世界的残酷时,我们对"我心有主"的坚守,正是以青年时期学习的知识理想为基础的。

(石雨墨)

# 传统与异域

在充满不确定性的当下,我们需要重视传统与异域之间的关系。不管是纵向时间维度的传统,还是横向空间维度的异域,都需要我们亮出开放的心态,放出审慎的眼光,释放积极的作为。中华文明源远流长,其中优秀的传统文化是解决当下问题的源头依据,守正创新才是正途。在全球化的大势之下,在中国改革开放的洪流之中,学习借鉴异域文化,亦是保持自身活力的重要途径,当然这里涉及"体"与"用"之间的哲学关系,先确定我们本体发展的根本属性,再发挥"用"的从生借鉴作用。在这一过程中,鲁迅的倡议永不过时,那就是——"运用脑髓,放出眼光,自己来拿"。

第8周
周二

外国的风俗永远是有趣的,因为异国情调总是新奇的居多。新奇就有趣。不过若把异国情调生吞活剥地搬到自己家里来,身体力行,则新奇往往变成为桎梏,有趣往往变成为肉麻。基于这种道理,很有些人至今喝茶并不加白糖与牛奶。

——梁实秋《雅舍小品》

【解读】

当"外国的风俗"吹进旧时传统社会,当新奇的风俗给挣扎在顽固礼教中的人们带来新鲜的生活气息,人们心甘情愿地接受了"山寨版"的异国情调,猎奇的心理从中作祟,模仿的结果是东施效颦、遗人笑柄。

被新奇的事物一时间冲昏头脑本无可厚非,但这同时促使我们反思原本新奇事物的引入何以适得其反?

风俗习惯的养成源于特定社会风土的栽培,保持其自身的整体性才不至于丧失初衷。因此,我们在向他人、向他国学习的过程中,不能断章取义地生吞活剥、生搬硬套,而应当全面认识某一行为、某一风俗的形成条件。

这一启示不仅适用于应对横向的影响,在古往今来的纵向传承中同样需要坚持原初精神。当陈理先于人事,则终将落于机械化的乏味;唯有切实把握原初精神的内涵,才能不被新奇与形式桎梏,使其终能为我所用,进而实现趣味与意义的并存。

(刘伊濛)

第8周
周三

恭顺的东方女人,残忍的白人男性,这是你们西方人最爱的幻想之一。但试想一下金发拉拉队长,爱上了矮小的日本商人,然后他回到日本,留下她独自一人,其间她每天都会为他祷告,拒绝前来提亲的富家公子。可三年之后,她得知了她深爱的日本商人,已经再婚,于是她含恨自杀,你们只会觉得她是一个傻子。

——电影《蝴蝶夫人》

[解读]

新航路开辟后,在西方殖民与建立全球霸权的过程中,由西方世界主导的文化体系也逐渐建立起来。在西方文化与其他地区的文化交流碰撞中,由于不可避免的偏见与对全貌的未知,一些刻板印象便逐渐形成,并且凭借文化霸权,向世界输出刻板印象,将不同人种标签化。

每个民族,都创造了独特的文化,然而对本民族的文化解释,却不在本民族的手里,这是一件多么不合理、不公正的文化霸凌现象。最终一种文化的好与坏、美与丑,取决于符不符合西方普世价值观和西方人对该文化的幻想。于是东方女性成为恭顺的象征,在文学作品上演着一遍一遍遭遇背叛的剧情;西方人眼中的东方文化,被异化为一种东西杂糅的"四不像"。我们需做好文化输出,向世界展示真正的中国文化,去打破刻板印象,拿回属于本民族的文化定义权。

作品的最后,法国男人为了他爱上的谎言,发出一声"原来我是蝴蝶,你是君"的感叹,用鲜血献祭给这段"愿勿相负,却奈何恨与欺"的感情。《蝴蝶夫人》最终褪去了它原本的文化偏见,为凄美的爱情发出无尽的叹惋。

(朱嘉逸)

> 有两种方法可以让文化精神枯萎,一种是奥威尔式的——文化成为一个监狱,另一种是赫胥黎式的——文化成为一场滑稽戏。
>
> ——尼尔·波兹曼《娱乐至死》

[解读]

一种极端是思想的专制与权威教条的禁锢,压制个体自由独立思想的萌生。以高压、守旧的思想环境打压新思想的火花,抑制文化的多元创造与推陈出新。

另一种极端是将文化过度娱乐化。一方面,现代传播媒介的变革,使文化传播趋于碎片化、肤浅化,也致使文化的接收者缺乏理性与逻辑的建构。同时,现代人精神上对娱乐的附庸、文化生产者对市场的迎合,使庄严的文化被染上庸俗化、商业化的风气,助长享乐主义,败坏社会风气,"历史可以被戏说,经典可以被篡改,崇高可以被解构,英雄可以被调侃"。"寓教于乐"无可厚非,但文化创作的"自由"不能突破道德与良知的底线。

　　故而,文化的发展,需要社会自由包容的气氛,需要文化传播者承担道义与责任,需要受众自觉涵养文化鉴赏力。营造兼容并蓄、开放包容、鼓励创新的时代环境,促进多元思想百花齐放与革新思想推陈出新。如李大钊所言:铁肩担道义,妙手著文章。"媒体责任重大。不能为取悦受众而'失向',不能为吸引眼球而'失真',不能为刻意迎合而'失态',更不能让廉价的笑声、无底线的娱乐、无节操的'爆料'淹没我们的生活。"文化创作者需坚守价值担当、把握正确导向,给予大众积极引导。

　　文化的受众者需坚守理性精神与独立意志,从纷繁的信息中辨别是非,汲取文化的营养。同时,人们可通过阅读、受教育等方式提高人文素养与审美能力,深化对文化的感知。

(王一帆)

《史记》这种精神如果一直存在,这个文化不会腐败,因为它会永远对现世里成功的人有指责、有批判;相反,对于能自我完成,即使在现世里失败的人,也会有很大的赞美。

——蒋勋《蒋勋说红楼梦(第七辑)》

[解读]

评价他人存在两种标准——功利世俗的目光和对人性本身的体察。在功利视角下,我们很快将人分出优劣,又以此定义他们。这是人之常情,毕竟人们在追求卓越的慕强心理下,难免在心中建立了计量能力和成败的标尺。然而,一味以世俗成败视角看人,不仅会让人们在偏执审视中对他人的包容性下降,更会让人们的要求单一化、统一化,于是个性被残忍压制,人性之美被随意丢弃。

因此，我们不妨摒弃以成败论英雄的思维，去关注生命实体背后心灵的可贵，看到人们的"自我完成"：表面完美之人也有其局限性，而那不完美之人又可显示其可爱之处；所谓失败者也有其独特的生命追求，孕育着乐观的精神和人格的不屈与坚韧……

人宝贵的是其生命的独特性，关注生命本身的人显示出其特有的悲悯与包容，能反映这种精神的作品也最能打动人心。《红楼梦》中，最令我们感动的不是宝钗的圆融完美，而是黛玉对生命的执着与投入，尤三姐宁为玉碎的生命自觉，即使像晴雯这样卑微的小人物，也在奋力补裘时被世界看到。《史记》中，真正震撼心灵的不是高祖得天下的荣耀，而是重义知耻的项羽在四面楚歌之时的悲壮。因此，文化不是僵化的知识，不是追求完美的教条，文化是发掘、呈现那生命中独特而崇高的部分——人性之美。

正如蒋勋所说："精彩未必一定是主角，每个生命都有自己的重要性。"摒弃是非与成败的外部评价与刻板目光，以心灵为起点，去感受、去批判、去赞美与欣赏，这才是文化的动人之处。

（刘卉馨）

从魏晋南北朝时期到唐代,曾经的悲惨和痛苦,都由负面价值神奇地转化成了正面价值,成为锻造大唐文化性格的大熔炉。就像每个人一样,在成长历程中,都会经历痛苦,而所有的痛苦,如果没有将这个人摧毁,最终都将使这个人走向生命的成熟与开阔。

——祝勇《纸上的李白》

[解读]

人在经历痛苦后方能有所成长。痛苦本身是对一个人心志的磨砺,通过经受精神上的淬炼,我们学会忍耐与坚持,我们的性格、处世原则接受打磨和完善,最终才能在自我与外界中找到平衡,走向成熟。同时,痛苦也向原本的生命中加入新的变量,撬动固有的人生边界。因此,这段痛苦的时期也能够改变我们看待世界的视角，接受新事物带来的变化，从而为人生注入新的能量，走向生命的开阔，正如经历过"乌台诗案"的苏轼，才能进入圆融豁达的人生境界。

文化与人一样，也有成长的过程，需要历经变动才能为文化的发展注入新的活力。一方面，社会的动乱、外来文化的冲击，是一个选择的过程，淘汰掉无法适应新环境的文化，能够在变动中留存下来的文化会更加与时俱进、具有生命力。另一方面，文化在交流碰撞中发展，变动与冲击也为文化的发展提供了新的素材，丰富了文化的多样性与内涵。魏晋南北朝时期的分裂与动荡，在带来了悲惨与痛苦的同时，也在文化上完成了关键性的过渡，"在中原文明的衣冠礼乐中注入了草原民族的精悍气血"，锻造出了"缛丽灿烂、开朗放达"的大唐文化。

人与文化的发展具有共同规律，因为人与文化在不断地相互影响和渗透。人是文化扎根的土壤，人生的发展就像是文明历程的缩影，而文明的演进则会反过来影响人生的发展方向。正如唐代文化的自信从容，让唐代的文人都"有勇气独自面对无穷的时空"，而唐代文人所表现出的时空超越感，又增进了唐代浩大的时代气象。个人与文化的脉搏同频共振，才造就了人与时代彼此成就的盛景。

（王哲萌）

传统这个东西有两面性,当它面对革命新潮时,表现出一副可憎的顽固面孔。当它面对逆流邪说时,又表现出撼山易撼传统难的威严。

——梁衡《读韩愈》

[解读]

这句话是在讲述韩愈高举儒家旗帜,维护封建传统思想道德,但又坚决抨击当时的社会痼疾,提倡改革的经历。传统的两面性不断在历史中显现:新文化运动时期,不止一类派别反对白话文,在报纸上抨击新文化运动,试图阻止国人思想改变,这确是一副"可憎面孔";但当面对外来势力入侵时,传统文化的威严便展现出来了,属于中国人的坚毅、隐忍和忠义的品质,让中国在战火纷飞中站住脚跟,奋力反抗,没有被来自西方的力量裹胁。中国几千年的历史,传统文化始终是影响深远的。在传统文化中寻求对当下发展有益的优质内容,摒弃其糟粕,便能使其两面性得到平衡,方利于社会发展。

(程钰舒)

在娱乐化的洪流中,在好看、欢腾和热闹的统一要求下,桃花的灼灼和梅花的冷艳已经没有多大区别,也似乎没有了区别的意义。寒风中绽放的梅花"不须檀板共金樽"的孤芳自赏,"梅妻鹤子"的布衣闲适而不甘流俗,以无数个春秋酿造、提炼而成的文化醇厚,如今似乎并没有伴随梅花进入大多数赏花人的视野。我们在关于梅的节日里,看到的是物理的彩色,闻到的是化学的香味。

——徐南铁《赏梅,在梅花谢了的时候》

【解读】

古往今来,不曾停止的提炼,升华出梅花的精神价值。独属梅花的这份文化醇厚,寄寓着中国人世代崇尚、追求的理想化人格——高洁清雅、坚定从容,更成为中华民族强大向心力、凝聚力的精神源泉。

梅花的品质于传统文化中格外突出。然而,梅的气度风骨与文化价值被精减,沦为"口号式"的宣传噱头,梅的颜色、香气被按照大众的取向标准评判与"改良"……逢迎轻易地剥夺了梅花震撼心灵的生命力量。梅花的文化醇厚之所在、激发热忱之所源被抽离,取而代之的是娱乐化后肤浅浮躁的"美学价值"。存在无底线娱乐化一切来投众人之所好的欲谋利者,自然也就存在只求走马观花、看个热闹的赏花人。两股力量将梅花的文化醇厚逼向沉入黑暗的绝境,这与文化振兴的初衷渐行渐远。梅花的节日盛会里已无梅可赏、可恋、可思,唯有在梅花凋谢之时,方能有一隅天地,供有心人静观梅花,让千秋万载塑造的文化底蕴被记得,得以存在下去。

(殷嘉仪)

第9周
周四

中华文化三大精华：其一，在社会模式上，建立了"礼仪之道"；其二，在人格模式上，建立了"君子之道"；其三，在行为模式上，建立了"中庸之道"。中华文化三大弊病：疏于公共空间，疏于实证意识，疏于法制观念。

——余秋雨《何谓文化》

【解读】

先看中华文化之精华。所谓"礼仪"，就是一种便于固定、实行、审视与继承的生活化了的文化仪式。这种仪式为其内在所蕴藏着的文化精神的存活提供了可能，否则，文化精神只能随风飘散。这让中华文化长期保持着一种可贵的端庄，但这种对外在形式和繁文缛节的过度重视却也"限制了心灵启蒙和个性表达，更阻碍了大多数中国学者进行超验、抽象的终极思考";而"君子"正是儒者"礼仪之梦"的人格寄托,养成君子人格是传统士人的毕生追求;"中庸之道",向外体现在中国的主流文化反对穷兵黩武,秉持"以和为贵"的温和态度。这种温度在一次次巨大的灾难中起了关键的缓冲作用,让中华文明既保全了自己,又维护了世界,于柔中见刚强。这三个"道",组合严整,构成了中华文化之鼎。

再观其弊病。传统中国人追求"忠""孝"两全,这种追求折射出"朝廷"与"家庭"在人们心中占据了大部分位置。然而,在这两者之间其实还横亘着广阔的公共空间,"该如何与公共相处"是被长期忽视的重要问题;疏于实证意识,让国人追捧"圣人"、信奉"权威",使中国文化长期处于"只问忠奸、不问真假"的泥潭之中;法制观念,亦是中华文化所缺失的,在传统文化中,"'好汉'总是在挑战法律,'江湖'总是要远离法律,'良民'总是在拦轿告状,'清官'总是在法外演仁"。这种对法律观念的疏淡,严重影响广大民众快速进入现代文明。将这三大弊病合于一,我们所缺失的大概就是理性公民精神。

(吕晓非)

要我们保存国粹,也须国粹能保存我们。

——鲁迅《随感录三十五》

[解读]

"保护国粹"的说法从古至今都有人在提,但其背后的目的却是随时间变化发展的。鲁迅认为,我们当下的要务是"一要生存,二要温饱,三要发展"。"保护国粹"必然要紧贴时代的主题。既然求生存,国粹便首先能保护我们;既然求温饱,国粹便首先能使我们饱腹;既然求发展,国粹便首先能使我们进步,无论是在精神上、物质上,无论是在国内还是国外。换言之,"国粹"之所以为"国粹",因为它融合了国家文化的精华,并加以萃取、呈现。

(张天翼)

> 我们一定要知道中国文化中两个优秀的传统。一个是"以史为鉴",一个是"以天为则"。
>
> ——楼宇烈《中国文化的根本精神》

【解读】

以史为鉴,即将历史当作一面镜子来观照今日。中华民族向来是重视历史的民族,这种善于从历史中汲取经验的优秀品质,是让中华文明成为世界四大古文明中唯一无间隔延续下来的文明的重要原因。在时空长河之中,历史、现在、未来并非完全割裂,鲜活动态的历史总向着现在和未来奔腾而来,现在与未来也终将成为历史。学习历史,即是把握现在,乃至认识未来,无论是对国家兴亡,还是对个人命运,都具有重大意义。

中国人以天为则,不以主人的姿态去做天地的支配者,而选择向天地万物学习。当然,这里的天绝不仅是自然的天,而更多是中国人经过能动的加工创造，从自然中提取出的作为行为遵循的法则。这种法则紧紧扎根中华文化土壤，在中国人生生不息的历史活动中生成，传递着中国人自古以来对真善美最诚挚的向往。

无论是以史为鉴，还是以天为则，都折射出中华民族的人文温度。一方面体现了中华民族是心存敬畏的民族，敬畏历史，也敬畏天理，因此中国人能够向历史和万物学习，对自身行为进行一定的节制和规范，进而以一种谦逊的态度与博大的胸怀推动自身不断向尽善尽美靠拢；另一方面，也体现了中国人的主观能动性，从人类历史与天地万物中汲取养分，通过主观思考创设出人类应当普遍遵循的道理，这一过程的背后是中国人蓬勃的创造力，为中华文化注入生机活力。

揆诸当下，在社会状况和个人精神层面，现代文明都遭遇了诸多问题，重新审视中国文化中的优秀传统，对现今的人类社会提升认识、解决问题、缓和矛盾，都大有裨益。

（杨晓菁）

中国人的性情是总喜欢调和折中的。譬如你说,这屋子太暗,须在这里开一个窗,大家一定不允许的。但如果你主张拆掉屋顶,他们就来调和,愿意开窗了。

——鲁迅《无声的中国》

〖解读〗

中国人往往有一种希望大事化小、小事化了的心态,喜欢将事态控制下来,维持表面的和谐稳定。这一段文字的下文提到的是关于白话文流通的问题,鲁迅认为白话文之所以推行阻力比较小,是因为当时出现了一种言论:要用罗马字母代替中国汉字。鲁迅借此来表达中国人不喜欢变革,不喜欢改变,不喜欢接受新事物,不愿自己主动改变。这些"不"的背后其实是一种惰性和劣根。直到自己守着的老传统被威胁了,陷入绝境了,才同意改变,即所谓的"主张拆掉屋顶",才愿意去改变。

(郭咏涵)

> 莲花落了有莲蓬,莲蓬里边有莲子,莲子里边有莲心,而莲心是不死的。
>
> ——叶嘉莹

【解读】

每当人们问起叶嘉莹对诗词文化的看法,白发苍苍的她总是复述一个故事——汉朝坟墓中挖出的两颗莲子,在精心培育之下长出叶子,开出了花。当外在环境发生大变化时,包括诗词文化在内的民族传统精神内核仍会如"莲心"一样,保存、流传下来,融入一代又一代人的内心世界与价值体系,只是不一定以原始而较张扬的"莲花"形式为我们所见罢了。叶先生相信古典诗词文化终能"珠圆月满",彰显文明的韧性,这需我们用心体悟、学习、传承。

(田艺)

我国的传统文化中,有所谓"推己及人"之说,于是中国人仿佛只有一种文化,所有的人只有一种行为方式。其实不同的亚文化始终存在,只不过我们一贯对此视而不见而已。

——王小波《我的精神家园》

[解读]

王小波对"推己及人"的传统背后"仁"的观念提出了挑战,指出其消极意义在于可能异化为使所有人同质化,这个说法发人深省。

推己及人,是将自己的感受推而应用于对他人的理解。这一方法在高中生理解古诗词、现代诗等文本中也得到应用,比如杜甫《登高》中的情感,读者可以通过想象自己贫病交加、独自一人身在异乡的心情来辅助理解。可见,对于主流的、一般的、我们熟悉的——人和事物,推己及人的确可以实现"设身处地"的共情与理解。

然而,一旦面临非主流的、极其独特的人与事物,推己及人恐怕就难以发挥其用:自己在某方面的体验与思考完全空白,无"己"可"推",推己及人从根本上就不能成立。因为不熟悉,所以不理解,于是干脆给亚文化扣上个"异端"的帽子,进而理所当然地排斥甚至打压。此举的结果便是,在文化、社会这片田地之上,只长出齐刷刷的一种苗。可是,这又将何其可悲;文明的、世界的终极之美,应是参差多态,应是各种各样文化的和谐共存,即费孝通所言的"美美与共,天下大同"。

世界之大无奇不有,纯粹的推己及人或许不能彻底实现我们与他人真正的理解。大概,真正的理解本身就是稀缺的。但,这是再普遍不过的现象,我们也不必过于悲伤。我们能够做的,是冷静地接受理解的隔阂性所在,以及包容不同于我们的灵魂。

(李楚若)

团体与个人是西洋人的老问题……关于团体一面的,可以约举为四点:第一,公共观念;第二,纪律习惯;第三,组织能力;第四,法治精神。这四点亦可总括以"公德"一词称之。公德,就是人类为营团体生活所必需的那些品德,这恰为中国人所缺乏,往昔不大觉得,自与西洋人遭遇,乃深切感觉到。

——梁漱溟《中国文化要义》

【解读】

中国人在"公德"中的欠缺,可以用"个人本位的伦理观"(朱光潜语)进行解释:一方面,个人与社会之间的界限是模糊的,"私"与"公"并非对立,而是与"自我"相隔有远近的两层波纹;

另一方面，个人好，社会才能好，个人会先顾及自己，再去考虑对社会的影响。换言之，如果"纪律"有违"自我中心"的前提，那么纪律一定得不到遵守。因此，如费孝通在《乡土中国》里讲过，我们传统社会里所有的社会道德也只在私人联系中产生意义，所有的价值标准不能超脱于差序的人伦而存在；中国的道德和法律，都得看所施的对象和"自己"的关系而加以程度上的伸缩。

相反地，对于日益发展的现代文明社会来说，社会好，个人才能好，一方面个人作为社会的一个分子而存在，公私界限分明，个人服从于社会，享有个人的权利，承担个人的义务；另一方面，同一团体中人人平等，人与人之间尊重彼此的权利，团体对个人也必须保障这些权利，不得滥用权力。国家可以规定公民的义务，国家也得保证不侵害公民的权利，在公道和爱护的范围内行使权力。

如何建构当代中国人的公共观念，中国知识分子任重而道远。"公共观念"首先在"公共参与"中得到体现，在今天的互联网上，"公共参与"确实"如火如荼"，但是公众理性的缺失现象尚未得到实质性改善。人人都在讲话，观点溢满了整个空间，人人讲的话都有道理，可是人人都不在乎对方在想什么。人与人应共同携起手来，在讨论中使自己的智识成长为理性探索精神。

（郑睿晞）

# 时代新思考

这组粹语主要有三个角度的时代思考:人类文明的进程是连续的,而每个人都是其所处时代的一分子,有责任和义务维系或发展文明的脉络,正所谓"薪火相传,生生不息",其中最重要的是把"己任"扛在肩上,无须左顾右盼,以免分神失衡;然后是时代中人的思考与表达,人们对于任何事务事理的看法仁智各见、深浅不一,也都有表达欲和表达权,但应遵循积极建设的原则,共同汇入时代发展的洪流;而鲁迅的提醒,更能让我们充分感知时代、不负时代,个人"就令萤火"般微弱,也要相信光的力量。

第11周 周一

人类的精神之火,是连绵不断的链条,
作为精致的一环,我们否认了自身的重要,
就是推卸了一种神圣的承诺。

——毕淑敏《我很重要》

【解读】

"人猿相揖别",我们从远古时期开始一代代由猿人的进化而长成,又受到古往今来人类的智力成果和文化成就的滋养,脚下的土地也许是几百年前的劳动人民所开垦的。我们的生命以及生活本身就是人类文明之奇迹的体现,我们受益于此,因此也应当报之以歌。

同时,人民大众是推动文明发展的真正洪流,也许站在时代洪流当中的你以为只有走在最前端的那朵浪花才是有价值的,然而每一涓细流都是不可忽视的重要力量。尤其是在当下社会主义建设的新时代,时代号召着个人,市场经济也为每个人的发展提供保障,我们应该主动探寻并接续身上汩汩不息的血脉和代代传承的信仰。

(金禧艾)

　　一个新闻话题的好角度,能超越"意见一致"而在"合法争议领域"找到一个巧妙的落点,避免滑入"偏离领域"。

——曹林《时评写作十六讲》

【解读】

　　"意见一致领域",包括没有争议性的社会话题,在这个领域,评论者的职责是维护或宣扬一致的观念;"合法争议领域",则存在争议空间,客观和平衡是评论者最高价值取向;"偏差领域"就属于主流可以接受的界限之外,评论者需要避免观点的偏激与片面。评论最好能够达到"意料之外,情理之中"——好的评论总有既发人深省的角度,又有合乎情理的判断。

(张琳笛)

你心中尚存的一丝不满,就是你眼前的第一行诗。

——刘擎

【解读】

前一段时间,流行一段金句——"生活不止眼前的苟且,还有诗和远方"。这句话本来意在激励当代的年轻人,要坚持奋斗,这样才能实现自己美好的理想。但是,很快这句话就与李诞的"人间不值得"一起变成了许多年轻人逃避现实中奋斗的"座右铭"。这背后折射了当代青年对于奋斗的焦虑和对于"诗与远方"的迷茫。一方面,他们对于眼前的奋斗趋于盲目;另一方面,对于自己心中远方的理想产生怀疑。在这样的情况下,部分人选择了放弃甚至麻木。但正如刘擎所说的一样,但凡心中有一丝突破自我的倔强,都有可能变成开拓明日黑暗的一线曙光。有人说这"一丝不满"并不足以转化为向前的动力,但是至少这"一丝不满"可能勾起你对未来生活更高的期许和改变它的欲望,因此是继续前行第一步的必备条件。如果心中仅存的是对于现实世界的麻木甚至失望,那么最终也不会写出人生的华丽篇章。

(王易乾)

子曰:"后生可畏,焉知来者之不如今也?"

——《论语·子罕篇》

【解读】

这句话的含义想必大家都很清楚,即"年轻人是可敬畏的,怎么知道他们将来赶不上现在的人呢?"这句话既体现了先辈谦虚低调的态度,也展现了他们对年轻人的认可。年轻人有着青年特有的朝气和拼劲,初生牛犊不怕虎,往往能凭借敢拼敢闯的韧劲取得卓越的成就,同时,这更是对年轻人的鞭策和激励。"江山代有才人出",当一代代青年人成长起来后,应该接过前人的接力棒,担负起青年人建设祖国、推动社会发展的重担,用奋斗铸就灿烂青春,用汗水拼搏美好明天,延续青年人的辉煌。

少年强则国强,青年犹如大地上茁壮成长的小树,总有一天会长成参天大树,撑起一片天。青年又如初升的朝阳,不断积聚着能量,总有一刻会把光和热洒满大地。吾辈青年当自强,在个人与社会的统一中实现人生价值,不负时代,不负韶华。

(邓超)

第11周
周五

感觉的细腻和敏锐,较之麻木,那当然算是进步的。然而以有助于生命的进化为限。如果不相干,甚而至于有碍,那就是进化中的病态,不久就要收梢。我们试将享清福、抱秋心的雅人,和破衣粗食的粗人一比较,就明白究竟是谁活得下去。喝过茶,望着秋天,我于是想:不识好茶,没有秋思,倒也罢了。

——鲁迅《喝茶》

【解读】

文字从鲁迅喝茶时的不同体验说起,进而思考只有感觉极其细腻、锐敏,才能感受到最细微的身体刺激与体验,才是会"享清福"的人。然而,作者却表明,过于敏感而挑剔,势必无法忍受正常生活中固有的瑕疵与粗糙,活得痛苦,这并未提高人的适应能力。在如今物质生活极丰富的年代,我们在追逐更细腻精致的生活时,也应时常想想鲁迅先生的这段话,让感觉与享受发展的同时真正提高生命的质量。

(田艺)

第12周
周一

　　愿中国青年都摆脱冷气,只是向上走,不必听自暴自弃者流的话。能做事的做事,能发声的发声。有一分热,发一分光,就令萤火一般,也可以在黑暗里发一点光,不必等候炬火。此后如竟没有炬火:我便是唯一的光。

——鲁迅《热风》

**[解读]**

　　在当时的时代语境下,改革是一件困难的事,倘若不能立即见效,便会被冠以"标新立异"的罪名。鲁迅害怕青年们受到冷笑和暗箭的影响,因此用这段话鼓励他们。这句话在当下又被赋予了新的内涵:作为年轻人,我们需要尝试剥离社会附加在我们身上的欲望,以自己为坐标,建立新的人生认知体系。虽然我们中的大多数人只是普通人,却也能在自己的生命中发光、发热,以自己的光亮照亮生命的旅途。

(邱恬)

# 成见与创新

"成见"本身在其形成的语境中,通常是自洽的,但若原封不动地将它带进新的节点,它往往会成为时代发展的阻碍甚至桎梏,个中原因古人早就用《刻舟求剑》的故事告诉我们了——"舟已行矣,而剑不行,求剑若此,不亦惑乎?"所以,在时代发展日新月异的今天,我们不能囿于成见,而应主动与时代同频共振,让创新成为常态。具备"敢为天下先"的勇气与自信,同时又沉着冷静,不盲目跟风,这才是真正的时代"新人"。

我使用的是旧砖,先要用瓦刀把它刮干净,这么一来,我对砖头和瓦刀的特征就有了更深的了解。那些旧砖上的灰浆,已有五十个年头了,据说年代越久越牢固;不过,以上这些话,人们老爱喋喋不休地这么说,也变得越牢固,需要用瓦刀连续不断狠狠地刮,才能把旧砖上头这个未卜先知的老话刮干净。

——亨利·戴维·梭罗《瓦尔登湖》

[解读]

梭罗写作的一大特点就是从寻常小事入手,生发出深刻的哲理。此处用旧砖上的灰浆比喻陈腐的成见就是一例。积年累月的说法,在不断重复中不断强化,正如灰浆在长久的年代中不断变得牢固。

成见的存在并不是一个静态的现象,而是一个动态的过程。陈旧的观点并非自始就是陈旧过时的,甚至可能在草创之初还是先进的真理。一方面,当这些观点在漫长的岁月中不断被重复,老是喋喋不休地这么说,而没有任何发展与创新,那么它就很难与已经变化了的社会现状相适应,从而落后于时代;另一方面,由于长期被作为真理信奉与重复,信奉的人们也就陷入自满自足的窠臼,失去了向前进步的动力。故步自封,使信奉成见的人坚守自己的立场,导致了成见的顽固性。

因此,梭罗主张,对于这种成见就应该"狠狠地刮干净"。思想是进步的先导,进步的思想可以为新的社会成就揭开序幕,而落后却拒不更新的成见则如"无知山谷"里的"守旧老人",阻碍了社会的进步。又因为其在经年累月的积累中形成了庞大的势力,所以清除这些成见需要坚定的决心、正确的方式和强硬的措施,才能将这些成见狠狠"刮去"。

当然,对于旧的事物或意见也不必全盘否定。有些旧事物已然过时,有些却仍具有现实意义。因此,我们不倡导对过去的一切全都否定,而应该从客观实际出发,理性地分析旧事物中积极与消极的因素,充分利用积极因素的指导作用,铲除其消极的方面。

(黄雨辰)

无论我们的意愿多么强大,我们都不能忽视那些可以利用的信息。不相信的关键是有其他东西去相信。如果我们想否认一个念头,就必须要有另外一个可以替换它的念头。

——丹尼尔·韦格纳《白熊实验》

〖解读〗

这本书是讲如何战胜强迫性思维的。这一段话出自"克服有偏见的信念"这一部分。其中提到我们的刻板印象可能是对人的有效的类化,但这会导致我们以不公平的观念去看待陌生人,从而陷入道德困境。我们若要避免给旁人"贴标签",便需获取更多的信息,即对事物进行充分了解再作评价,以个性化信息替代群体性印象。

(张智涵)

第12周
周四

旧的东西,行而不流,不能叫流行。一个社会,一个时代,流行的东西多,至少说明人们的思想活跃。如果什么流行也没有,通通都是老一套,那恐怕就有点僵化的危险了。

——符中士《吃的自由》

[解读]

作者认为,所谓"流行",不能仅仅有"运行""传递"的含义,更应该有"盛行""广泛流动"之义。可以说,"行"是一种状态,而"流"则是该状态的修饰语。只是,重复着麻木而机械的传递,并不能作为"流行"的表现,真正的"流行"是人们切实感受过且诚心认可并予以实施或传播的结果。

与此同时,针对当时粤菜的流行与人们对此的担忧,作者在文章中表以宽慰,他认为,流行的东西多并不可怕,因为它起码证明了一个时代的思想活跃与热衷思考;证明了革故鼎新下社会的持续发展与进步;证明了如今我们并没有在原地踏步。因为只有人们对旧事物或旧思想认真研究,充分实践并产生疑惑后,新事物才能萌芽。因此,作者鼓励人们接受新事物,接受新流行,不要害怕改变,更不要发现了改变便选择抵制和远离。没有新流行的社会是不会发展的,没有新源泉注入的思想是僵化的。

(赵尚玟)

一朵忽先变,百花皆后香。

——陈亮《梅花》

**【解读】**

这句诗意思是:有一朵梅花率先绽放,引领百花竞吐芬芳。本句抓住了梅花在严冬最先开放的特点,赞美了梅花不畏严寒、敢为人先的品质,这种品质同样适用于我们。

首先,敢为人先、创新进取的精神有利于人自我的持续提升,它让我们敢于打破现状、直面艰险、尝试创新。花朵的价值在于绽放,梅花通过尝试,成功拓宽了生命的广度,成就了特殊、独一无二的自我。在不断的探索开拓中,我们能够像梅花一样,磨砺坚忍的意志,完善理想的信念,在新局面里充分发挥主观能动性,开阔视野、增长才干。

梅花"先"的价值,在于它敢于在冬日首先开放。对于花朵,春开冬枯似乎是既定规律,也无人质疑严冬的威信;但梅花打破了"规矩""传统",在严寒里同样开放,让看似死寂的冬天里拥有了新生的可能。人往往苟且于现状不愿改变、挑战,社会将因此停滞不前,失去活力;个体的思维与行动的改变可能起到微乎其微的作用,但也可能是引领新时代的星火。这表现在思想的先导性和行动的开拓性上。个体的开拓思维可以通过行动传达,无论是付诸笔墨或是奔走呐喊。韩愈首先提出"古文"概念,提倡文以载道,其结果是领导了古文运动,扭转了文坛虚浮之气,开辟了散文的新局面,对后世有深远影响。进取开拓的精神对他人、社会乃至时代都可能产生巨大推动作用,从而达到"百花皆后香"的效果。因此,我们应当坚定理想、积极进取、不断挑战,以个体的先行,为社会、时代百花争艳、万众进取的壮景尽微薄之力。

(闫若婷)

# 思想的价值

人类,脆弱而又伟大。从生物学意义上,人生不过百年,其间疾患或意外,可能会随时夺走一个人的生命。而思想的价值,在于其洞察本质、前瞻趋势、开掘终极。对于思想家来讲,"我思故我在";对于时代社会而言,思想启蒙世人,促进社会进步。总之,纵使生命之树枯萎,思想之树也可以常青。无论是自称"雅典的牛虻"的苏格拉底,还是被誉为"民族魂"的鲁迅先生,他们点亮了思想的夜空,也承受了常人难以想象的困厄。郁达夫曾说:"没有伟大的人物出现的民族,是世界上最可怜的生物之群;有了伟大的人物,而不知拥护、爱戴、崇仰的国家,是没有希望的奴隶之邦。"愿人类群星闪耀,愿思想扎根沃土。

通过一场革命或许很可以实现推翻个人专制以及贪婪心和权势欲的压迫,但却绝不能实现思想方式的真正改革;而新的偏见也正如旧的一样,将会成为驾驭缺少思想的广大人群的圈套。

——康德《答复这个问题:"什么是启蒙运动?"》

【解读】

一些冲破旧桎梏的明智见解首先在少数人的脑子里产生，他们率先抛弃了陈腐的观念，把自己的思想付诸实践，并把它传播给公众，从而使公众意识到现存观念的不合理性，并对自己"启蒙"，逐渐演化成一场社会性的启蒙运动。

在"启蒙"的过程中，先驱者往往扮演了重要的角色，革命者推翻了旧政权，思想家提出了新见解，为人们指明了道路。然而，"革命"之后并非通途。启蒙作为一项社会任务，是艰巨且需要长期持续的，它关乎人群思想方式的真正变革。历史上无数次见证了"革命之后怎样"，阻碍人群思想变革的是什么呢？从外部环境看，倘若民主精神不能作为一种精神深入人心，人们不愿意捍卫自己的权利，那么民主只会流于形式。从内部因素看，民众中积久而成的愚昧阻碍了思维方式的改变。

旧的思维方式植根很深的社会得以彻底改造以前，对公众社会的启蒙远远没有过时。"启蒙"也许最终还要归结到教育上，而相比于学校教育，更重要的是自我教育。个体要有意识地观察自己的思想方式，通过广泛地阅读、深入地思考、认真地反思，发现自己身上存在的"非理性"，有勇气去运用自己的理智改变自己的思想，使自己能以理性的方式看待问题，不断加深对世界的理性认识。

（郑睿晞）

第13周
周二

> 由于空间，宇宙便囊括了我并吞没了我，由于思想，我却囊括了宇宙。
>
> ——帕斯卡尔《人是一根能思想的苇草》

【解读】

在无限延展而没有尽头的时空长线上，人只是其中一个微不足道的点，以极限的思想观之，甚至等同于零。但在思维的范畴上，人却可以超越物理上的局限而刻画出更伟岸的生命形态。

这超越的契机便是"思想"。宇宙与物理世界是静态的，作为观照者的人的思想与生命力则是恒久地跃动着的。"思想"作为主观之于客观的单向理解，看似脆弱，宛若苇草在风中摇曳，实则有着足以指明生命前进方向的坚韧力量：对于"寄蜉蝣于天地，渺沧海之一粟"的悲叹，苏轼给出了"变与不变"的豁达阐释，指导着人去融入、去享受；对于在物界嫣然绽放着的花朵，王阳明总结了"心外无物"的美妙哲理，引领着人去品味，去回窥。他们因思想而将宇宙中对立存在着的万物纳入了独属于自我的体系，从而囊括了宇宙——"我们哭着降临世界，却可以笑着走向永恒"。

（吕晓非）

第13周
周三

> 我们是不信人的肉体死后还会有什么灵魂的,但是我们却坚信一个伟人的思想会永存。

——梁衡《一个伟人生命的价值》

【解读】

周恩来总理为国为民,操劳一生,他去世后的第一个清明节,数以万计的民众在人民英雄纪念碑前自发缅怀周总理,我们可以把这归结为人民对周总理的爱。这证实了伟人的领袖作用,他们的主张和思想,接替他们在世上不朽。这篇文章赞扬的是周恩来总理,而这句话可以适用于很多人,正如臧克家所写,"有的人死了,他还活着"。

(马鸣悦)

第13周
周四

> 偏见可以说是思想的放假。它是没有思想的人的家常日用,而是有思想的人的星期日娱乐。
>
> ——钱锺书《写在人生边上》

【解读】

人类对于事物的认知基于其思维活动,因而对于任意的观点,总是或多或少带有判断者的主观观点,即所谓的"偏见"。这种"偏见"是我们生活中大概率出现且不易规避的,而我们也没有必要力求思想时刻客观准确,不容一点偏失存在。譬如,柏拉图给人下的定义是"人是没有羽毛两脚直立的动物",但在《名哲言行录》中记载到,偏有人拿拔了毛的鸡向柏拉图质问。这人显然对于"真理"的追求过于极端了,甚至有些抬杠之嫌。接受自我的"偏见"和他人观点的"偏见"能让自己的思想获得不定期的放松,使之不似紧绷的弦一般脆弱易断。智者的"偏见"建立在自己的思考和理解之中,而不愿思考者只是一味胡说、附和。因而有思想的人的"偏见"可能只是暂时偏离真理,而无思想者就可能与真理背道而驰了。我们应当接受他人那些基于观察和思考的偏见,不应过于激进,过于排斥,而对于自身而言,则是尽力减少自己的偏差,离真理近一些。

(杨昀博)

第13周
周五

每一个民族都有自己的一些大师级的思想家、文学家,他们的思想与文学具有一种原创性,后人可以源源不断地向其反归、回省,不断地获得新的启示,激发出新的思考与创造,这是一个民族精神的源泉,应该渗透到民族每一个生命个体的心灵深处,这对民族精神的建设是至关重要的。

——钱理群《鲁迅作品十五讲》

【解读】

鲁迅是一位具有原创性的现代思想家和文学家。他的思想的最大特点是,始终立足于中国的土地,从中国的现实问题出发;而对问题的开掘,又能够探测到历史和人性的深处和隐蔽处。因此,他的思想与文学既有极强的现实性,又具有超越性和超前性;他的思想绝不是某种外来思想或传统思想的搬弄,而是真正的"中国的和现代的",并且创造了自己独特的话语体系。他对中国的社会结构、中国的历史文化,国民性的深刻体认与剖析,使他对当时中国国情的把握,达到了前所未有的深度和高度。

(张锦茜)

思想这面铜镜,总是靠岁月的擦磨来现其光亮。

——梁衡《觅渡》

[解读]

自古以来,总是心胜于兵,智胜于力。中国革命的胜利与毛泽东思想密不可分。延安的窑洞是毛泽东思想的诞生地。在窑洞里,中国共产党的领袖们以极大的热忱,极坚韧的毅力,极谦虚的作风总结出了最切实际的思想。这些思想在反复的实践、岁月的沉淀中指引着我们不断向前。

(孔令洁)

第14周
周二

> 思想和金钱是相反的,越是用出去,内容就越丰饶;如果停止不用,泉源就涸竭了。

——厨川白村

【解读】

　　这个句子点出了思想的特性:具有可复制性和生长性。财富的积累,往往是量的积累。钱财的付出是"零和博弈",用出去会使钱财的总量减少;思想则是具备可复制性的,某一思想不会因为作为消耗品而被消耗,这使得思考本身不会减少思想。思想减少的方式恰恰是随着时间的流逝而被淡忘,不断重温正是使思想保质的最佳方式。萧伯纳说过:"如果你有一个苹果,我有一个苹果,彼此交换,那么,每人只有一个苹果;你有一种思想,我有一种思想,我们彼此交换,每人可拥有两种思想。"

　　使用思想进行思考,不是机械重复已有的知识,而是在思考的过程中不断激活已有的思想,并触发不同思想之间的联系,构建完整的思想体系,综合地提高人的思维能力,实现"温故而知新"。因此,使用思想,不仅可以不断保持熟练度,还可为思想不断注入能量,促进思想茁壮成长。

(黄雨辰)

# 教育的内涵

"人是目的,而不仅仅是手段。"教育的目的也是在不断完善"人之为人",也就是现在常说的立德树人。在人的成长过程中,存在"责权利对等"原则,一个人拥有成长的权利,才能对自己的成长负责,进而收获属于自己的人生;反之,如果师长掌握着孩子成长的权利,孩子就难以对自己的成长负责。在成长这件事上,"己所欲"也不一定"施于人",现实生活中许多成长的烦恼、家长的焦虑,究其本质,大多也是源自权责的错位。把成长的权利让渡给主体,再辅以合理的引导教化,内外结合,主客统一,才是教育成功的基本原则。伯努瓦·比尼多在《平凡中的神奇》中有个著名的论断——"学习是依赖性的降低",道出了成长的本质,成长的过程是对包括师长在内的外部环境依赖性逐渐降低的过程,也是生命主体逐渐走向独立的过程。

(1)教育的全部目的,就是把人们眼前的镜子变成窗户。

——西斯尼·J·哈里斯

(2)一个富人去拜访一位哲学家,请教他为什么自己有钱后变得越来越狭隘自私了。哲学家将他带到窗前:"向外看,看到了什么?"富人说:"我看到了外面的世界。"哲学家又将他带到一面镜子前:"现在看到了什么?"富人答:"我自己。"哲学家一笑:"窗和镜都是玻璃做的,区别只在于镜子多了一层薄薄的银子。因为这一点点银子,便叫你只能看到自己而看不到世界了。"

——哲理故事

【解读】

看到"镜子"和"窗户"的意象,我想到了这则哲理故事。两者有相通的地方,都将"镜子"和"窗户"分别看作自私自利的心理和为他人着想的责任感的象征。两者对"镜子"和"窗户"的关系解释又存在一定的差异,前者将知识看作"镜子"或"窗户"存在与否的决定性因素,后者则将金钱等外部功利性因素的作用突出展现。

哈里斯的这句话所表达的意思是:教育的全部目的就是培养对社会有益的、能够为社会建设助力的优秀人才。教育是培养一种社会责任感,让人们由只能看到自己到能关注到他人;成为一个为他人着想、为他人负责的社会建设者,达到自我提升的终极目的。这句话颇有一点我国古代"如切如磋,如琢如磨"的教育观念的意味,但同时也引发了我们对教育作用的思考——教育在现实中真的完全发挥了积极作用吗?教育的效果会不会因为外部环境的变化而发生改变呢?也存在这样的情况,一个没有接受过教育的人不一定是一面自私自利的"镜子",他不了解利益,自然也不会特别地去为自我谋利,当接受了一定的教育后,他们才会认识到利己的好处,才会成为一面"镜子"。对于到达这个阶段的人,只有继续打磨、教育才能让他们认清真相,摒弃自私自利的不良作风,成为一面"窗户"。这也是这句话实际想要表达的意思,即通过知识去克服人性中个人主义的弊端。

(沈昕)

**第14周 周四**

构成我们学习最大障碍的是已知的东西,而不是未知的东西。

——贝尔纳

**[解读]**

"未知"是学习的前提与动力,因为有未知,人类才需要学习,才可以从探索的过程中获取成就感、实现自我突破,学习因此有了动力,人类才有了不断前进的愿望和勇气。而貌似安全的"已知"却是我们要警惕的,已知固然可以作为学习未知的基础,但已知只是相对而言的已知,更多的是主观层面的已知,这往往会给学习过程造成障碍;已知也可能包含错误的知识,让人们难以在它的基础之上掌握未知,甚至得出荒谬的结论;已知还可以成为骄傲的资本,让人们无法对未知保留好奇与渴望,不能继续探索未知,正如"诺奖诅咒"。我们要辩证地看待"已知",善于利用"已知"向"未知"发起挑战,才能学有所成。关键在于我们如何对待与利用它。完全摒弃已知、在零基础上学习未知是痴人说梦,"取其精华,去其糟粕"才是正理——将已知的真理加以利用,对不合理的地方保持建设的心态,采取批判的态度,以求不断完善,才能学有所成,向新的"未知"进发。

(黄雨奇)

第14周
周五

　　他汲取了儒家"民为邦本,本固邦宁"的思想,却也扬弃了孔子"惟上智与下愚不移"的傲慢与偏见;他汲取了西方文化中和孙中山先生关于"民有、民治、民享"的现代民主精神,却也扬弃了基督教因名称义的空洞虚幻;他直面民间"苦力"之苦,也以真诚的平等意识致力于开发"苦力"之潜力。

——纪录片《先生》

【解读】

　　这是纪录片《先生》对于晏阳初思想理念的评价,他是鲜有人知的"世界平民教育之父"。

　　晏阳初先生,早年留洋,自20世纪20年代起致力于平民教育七十余年,最初在法国开办华工识字班,后来在河北定县创办"人类社会实验室",探索平民教育,致力于开掘广大农民的"脑矿",造就有知识、有民主的"新民"。他在定县探索出的方法,推广到世界许多发展中国家,对世界平民教育作出了巨大的贡献。

《先生》中的这几句话很好地概括了他思想理念的继承与创新。他把目光投向广大未受教育的农民,而不是少数精英,其思想渊源可以上溯孟子的民本思想,但却注入了近代平等之魂,超越了中国古代封建社会的等级观念。他的目标是培养共和国的公民,把民主思想、公民意识渗透在整个教育过程中。他的救助,不是授人以鱼,而是授人以渔,站在农民的立场上,抱着"欲'化'农民,须先'农民化'"的想法,真诚地理解,平等地共情。

如今乡村振兴成为新课题,许多大学生也会选择支教等方式参与这一新课题,晏阳初先生的实践与理念能给我们很多启发和警示:首先,应该怀抱对被帮扶者真诚的尊重,意识到他们只是不那么幸运地缺乏机会和资源;第二,要以发现问题、解决问题的务实态度做事,平等坦诚相待,建立真正的信任,形成"成长共同体"。

(洪昕悦)

如果要给这样一种没有前提条件、没有难题、没有阐述的教育取一个合适的名字,那么这个名字只能是"娱乐"。

——尼尔·波兹曼《娱乐至死》

【解读】

这种"没有前提条件、没有难题、没有阐述"的教育形式,即作者提出的电视学习方式。

电视作为媒介所具有的偏向性,要求电视节目制作者最大化发挥出电视展示声音和电子图像的优势,吸引更多观众,从而使教育趋向娱乐化。首先,为了降低观众的观看门槛,电视教育节目不能有"前提条件",即不能要求观众具备相关知识才能看懂节目内容。其次,为了提高收视率,防止观众的流失,节目中不能出现"难题",所有的知识都以简单易懂的方式出现,才能降低观看难度,提升观众满意度。最后,由于电视本身的功能特点,电视教育必须具有"可视性和戏剧背景",而应抛弃严肃、乏味的大段论述。

由此,电视教育的重心由传统教育所重视的"学习者的成长"变为"学习者的满意程度",任何在学习过程中本应遇到的,能够培养学习者思维能力、具有约束的过程全部被删减,只剩下有趣的部分,即"娱乐"。

而在以电视为主导的娱乐式学习中,学习者最多只能学习到一些没有具体语境、难以串联的知识,更多勤奋、专注等优秀的学习品质都缺失了,剩下的只有对于轻松、愉快的娱乐内容的尊崇。随着当下社交媒体、短视频等新媒介的流行,社会向娱乐业时代的更深处推进,与此同时,我们也应当警惕,抵制过度娱乐化学习的诱惑,保留传统学习方式,培养学习能力。

(王哲萌)

# 个体与整体

如何优化个体与整体的关系,一直是人类发展史探索的课题。过于强调个体的权利,容易弱化整体的运行机制,到最后导致个体受到牵连;而个体受压抑的时代,个体往往不自知地聚合为狂热的"乌合之众",而丧失掉权利与尊严。理顺两者的关系,可以从两方面强化:其一,鼓励个体由内而外的精神成长,从"君子人格"的养成到"修齐治平"的延展,在肯定个体存在意义的基础之上,逐渐释放社会责任感;其二,适当辅以"以利导义"的外部机制,保护暂时让渡局部利益的个体,通俗地讲,就是让"善有善报"有制度保障。

马可·波罗一块石头、一块石头地描述一座桥。

"可是,支撑桥梁的石头是哪一块呢?"忽必烈汗问。

"整座桥梁不是由这块或者那块石头,"马可答道,"而是由石块形成的桥拱支撑的。"

忽必烈汗默默地沉思了一阵,然后又问:"你为什么总跟我讲石头?对我来说只有桥拱最重要。"

波罗回答:"没有石头,就不会有桥拱了。"

——伊塔洛·卡尔维诺《看不见的城市》

[解读]

"没有石头,就不会有桥拱",这句话不仅揭示了桥拱是如何构成的,更重要的,它强调了"石头"的重要性,并启示着人们,以正确的态度对待"石头"。之于现实,"桥拱"即整体、大局,石头则是每一个组成部分。这一种关系在自然、人类社会、科学,各个领域中都存在着,也可以根据具体衍生出不同的解读,其中的共性呢,则是在说,请重视每一处可能本被遗漏、忽略甚至轻视的细节。要知道,没有它们一点点的积累、联结、搭建,无论对象是什么,都将是空谈。

突然想起,在十一学校远翥楼一层走廊的一个展览柜里见过一只放大镜。那是一位学生送给李希贵校长的。他感恩校长不只从整体着手管理整个学校,每一位师生的优点都被放大,被赋能,使师生拥有足够的发展空间。一花绽放不是春,想要百花齐放,就要细心呵护每一朵幼嫩的花苞,因为它们的未来,拥有着无限可能。

(焦思涵)

无论利己主义还是自我牺牲，都是一定条件下个人自我实现的一种必要形式。

——马克思、恩格斯《德意志意识形态》

[解读]

为个人利益的利己主义与为集体利益的自我牺牲，都是个人为达成不同目的而进行的。

首先，个人利益在社会生活中与集体利益相伴产生。当人们将视角聚焦到具体的某一个人时，其个人利益就会因各种社会关系的原因可能与集体利益相冲突。为保护自身的利益，关注自身的自我意识会被放大，而对集体利益的考量会相应减少，这是自然的想法，也是自然的行为。人与集体产生利益矛盾的根本原因在于生产方式与社会分配之间的矛盾，也就是所谓"利己主义"与"自我牺牲"之间的矛盾。显然，在个人与集体的总利益不变的情况下，个人利益的分配不均会造成与集体利益的反相关关系,即个人利益与集体利益此消彼长。

  不过,两者并非相互对立、完全排斥。不论集体利益是否与个人利益相符,其存在皆与具体的个人联系。通常情况下,真正的集体普遍利益与个人利益是相通的,在社会的共同进步环境之下,每个人所得的总体毋庸置疑是在进步的。人是其生物属性与社会属性的总和,而社会属性则是其各种社会关系的总和,因而一个完整意义的人必须存在于一定的社会条件之中。个人离不开集体,集体由个人组成,追求个人利益是实现自我目的的方式之一,而个人总是离不开一定的集体。所以无论个人的目的究竟是利己的还是利他的,从社会总体的角度考虑,自我实现的达成与自我牺牲并不矛盾。

(王侯润)

第15周
周四

　　每种生活问题的解决都需要合作的能力，而每种工作也都必须在人类社会的架构下，以能够增进人类福利的方式来予以执行，只有了解生活的意义在于奉献的人，才能够有较大的机会成功地克服困难。

——阿尔弗雷德·阿德勒《自卑与超越》

【解读】

　　从行事角度，合作是以恰当方式有效地处理问题的重要能力，是个体能力水平的最大化，而个体也在交流互鉴，能在奉献中实现自己的价值；从精神层面，合作、奉献精神有益于个体所在整体的共同进步，心怀大格局，具有"人类命运共同体"意识，才是长远发展的前提。

（田艺）

# 个人与环境

无论在怎样的环境和阶层中,个人都要保持其独立性,确认主体价值,进而形成环境的多样化。正如契诃夫所说:"小狗不该因为大狗的存在而心慌意乱,所有的狗都应该叫。"个人长时间处在某一固定环境中,要警惕思想的钝化,要保持敏感性,否则会个性泯灭、庸庸碌碌,长此以往,环境也会失去活力。个人是环境的一部分,不是简单的从属依附,更有义务发挥个体的主观能动性,锐意进取,不懈努力投身于环境健康发展的大业。

当天空黑暗到一定程度,星辰就会熠熠生辉。

——查尔斯·A·比尔德

【解读】

这句话对应了个人价值的实现和所处环境的关系。

首先,天空明亮的时候,星星是很难被看到的,这并不代表其本身没有光亮,只是周遭的环境无法衬托出它的光亮。由此推之,个人的卓越在一个人才聚集的社会中很难被人注意,正如三国时期刘关张的义气、曹孟德的谋略、诸葛亮的妙算等等,这些耳熟能详的人物的光辉,盖住了王睿的机敏、刘谌的忠诚。但是他们的个人价值并没有因为名气的大小而褪色,我们仍然会记得北地王的正直和无畏,他本人也通过自尽的方式践行了自己作为汉室宗亲的责任,实现了个人价值。所以,个人价值实现与否的主要原因是个人的主观能动性能否发挥作用,是星辰就会发光,环境的好坏对于真正实现自我价值来说,只是外显与否的区别。

其次,所处环境对实现个人价值是一种挑战。正如句中所说,黑夜中才能看出发光的星星。面对不利的外部环境,或是物欲横流,或是战火纷飞,抑或是礼崩乐坏,是选择继续坚持真理、实现自我,还是随波逐流,逆来顺受?面对挑战显露出了"不改其志"的态度,这何尝不是一种自我价值的实现?"艰难方显勇毅,磨砺始得玉成",即使天很黑,仍然坚守自我。抗战时期,那些在国家危难时刻挺身而出的大批仁人志士,张自忠、佟麟阁、赵登禹等,他们经受住了考验,或用生命,或用鲜血成就了自我。由此可见,环境本身构成了个人价值实现的背景。

(李彧涛)

第16周
周一

> 与恶龙缠斗过久，自身亦成恶龙；凝视深渊过久，深渊将回以凝视。
>
> ——尼采《善恶的彼岸》

【解读】

"恶龙"是强大黑暗势力的象征，当人们与恶龙搏斗，黑暗血腥的强烈刺激会创伤人的心灵，其邪恶凶残的暴力手段往往会在持久的战斗中将人们同化，使人也沾染上杀戮之气。抵制邪恶、坚守正义本非易事，何况在黑暗环境的侵蚀下，人的意志会动摇，本心会受到玷污。极端环境使理性与道德失守，激发出人性中恶的一面。同时在战胜恶龙后，身怀更强大的力量，面对唾手可得的权力与财富，是霸占财宝还是捍卫和平？是沦落为更残暴的恶龙，还是抵制利诱，成为守护正义的战士？将取决于人是否能坚守正义与本心。当人凝视着深渊无尽的黑暗，深渊也倒映出人性深处的黑暗，审视着人性的弱点，引人堕入万劫不复的深渊。

"救世主"推翻暴君统治后,又成为新一代暴虐的独裁者,地位扭转后,人们趋利的本性被激发,争取正义的初心在权势的诱导下异化,原本偏向道义的天平转而向权势倾倒。

既知如此,如何避免成为恶龙?如何抵抗深渊的引力?首先,人们需要建立起符合正义与良知的价值观念,防范道德的出局。同时,人们需三省吾身,以人为镜,以史为鉴,净化外部黑暗之气对本心的玷污,抑制内在恶念的萌芽。人们需要有直面黑暗、与黑暗势力斗争的魄力,同时也需要有坚守初心与良知的底线。

(王一帆)

经验是生活的肥料,有什么样的经验便变成什么样的人,在沙漠里养不出牡丹来。

——老舍《骆驼祥子》

【解读】

人是具有成长性的,并非一成不变。阳光与温暖可以令人受到滋润,向上茁壮生长,黑夜和阴冷也能使人丧眉耷眼、枯萎垂败。人所处的社会环境是人生画作的底色,自身经历不断勾勒线条、增添色彩,最终形成概括性的"成品"。祥子的悲剧是在一次次抉择中堕落的,每一次屈服妥协都是对内心正直的撼动,每一个看似细微的思想上的偏差都将他引向万劫不复的深渊。若要时刻行走于光明正道,人们需谨记:应坚守原则底线,勿以善小而不为,勿以恶小而为之。

(张智涵)

于是我们奋力前进,却如同逆水行舟,注定要不停地退回过去。

——弗朗西斯·斯科特·基·菲茨杰拉德《了不起的盖茨比》

【解读】

作为普通人,在环境的洪流中,真的可以逆流而上吗?奋力前进,就能够挣脱既定的命运吗?

盖茨比一生都盼望着能够实现阶级跃迁,他向往着迎娶黛西,步入上流社会,却只能用贩酒的违法生意得到的财富来为自己平凡的身份贴金,自始至终都为真正的贵族所不齿。不论如何前进,依然无法违背时代阶级固化的大势。

大环境推着盖茨比回到起点,从金碧辉煌的别墅回到尘土飞扬的军营,回到过去没有被金钱污染的生活。在时间的流逝中,他忘记了自己最初想要追求的纯粹的爱情和幸福生活,他的一切所作所为都是为了弥补过去的遗憾,前进却只是为了回到过去,他把初始的梦想异化为了纯粹的信仰,向错误的方向前进而不惜一切。

当普通人对自己的梦想无法实现而感到无措时,何不释然回望自己的初心呢?

(沈昕)

被波浪卷走的人会淹死,而乘在波浪之上的人是能够超越它的。

——中岛敦《山月记》

【解读】

这句话在书中是一位隐士对迷惘的悟净的提点,由此可以想到一个成语"随波逐流",被人潮裹着前进,看别人作出什么选择自己也跟着,终将会迷失在人流中,失去方向。

把这句话放在当下:所谓"乱花渐欲迷人眼",在各类展现自己的舞台上,若仅仅流连于机遇之"多",被他人口中的"潮流"所影响,甚至被控制,见异思迁,三两天就换一个目标,最终无法听到自己的声音,会渐渐淹没在时代的洪流里。

若能坚持本心,对万物都有自己的看法,认定一件事便坚定地做,而非只听从他人的呼喊。想必海水不会抹去沙滩上的印记——人是可以凌驾于浪花之上,真正作出一番事业的。

(程钰舒)

应该在肩膀上长着自己的脑袋。

——列宁

【解读】

"不要让自己的大脑变成别人思想的跑马场",我们应该有独立思考的能力,不是简单地接受所看到的、所听到的,应该对这些争论和结论保持着疑问的态度,即拥有批判性思维。这个怀疑会促使人们寻找结论的依据,能够得到真理,而不是成为"乌合之众"——成为在群体中慢慢丧失自己独立人格和思想的人,这无论对于个人、社会还是国家而言都是至关重要的。

(杜欣然)

第17周
周一

处身者不为外物眩晃而动,则其心静,心静则智识明,是是非非,无所施而不中。

——欧阳修《非非堂记》

[解读]

一个人看待外物要有自己的想法,不被外物所动,便是心静。可靠的思想应该有一股向心力,围绕着自己的核心价值观念运转,只有在心静的时候才能正确而深刻地认识事物,作出判断,保持自身思想前后的统一性,而不是被事物的表象迷惑,从而对本质相同的事物作出不同的判断。

另一方面,人的思想也不能仅仅固守自身,完全不为外物所动。要根据外部情况适当调整自己的思想,否则便会陷入思维僵化的困境。但这种变动并不是由外物的变化直接引起,而是以自己一定的标准重新审视现实情况后作出的能动改变。

(黄雨辰)

在一个喧嚣的环境中,只要你能保持独立的姿态,那么,即使身居闹市,也不会为浮尘所迷。

——迟子建《闹市中的大海》

**【解读】**

时代的噪声一直存在于这红尘琐事之中,随着信息技术的迅猛发展,传播手段也在不断更新迭代,我们所听到的可能是真理也可能是虚言。耐得住寂寞才守得住繁华,熬得住孤独方能等到花开。在这诱惑繁多的花花世界,噪声满耳是每日常态,我们需要的是不盲目从众、随波逐流,要坚守本心,即使身居闹市,也会有一丛东篱菊花在心间悠然绽放。

(连悦怡)

大智不群,大善无帮,何惧孤步,何惧毁谤。

——余秋雨《文化苦旅》

【解读】

真正的智者大多是不会成群出现的,真正做善事的人没有人帮助也一定会坚持下去。在自己选择的路上我们不必害怕孤独寂寞,也无须在意旁人的闲言碎语,只要倾听自己内心的声音,追逐心之所向,在执着中享受孤独,忘我成长。

(孙鹏勃)

人在一个环境太久了、太熟悉了,就失去他的敏锐度,也失去了创作力的激发,所以需要出走。

——蒋勋《人需要出走》

[解读]

生而为人,是实实在在需要一些空当的,腾挪于繁杂的工作生活间,疲累倒也罢了,过分的惯常和熟悉可能演化出的思维僵化和心理麻木,对个体更有吞噬力。出走与旅行相似,但旅行一般是空间上的出行,而出走则更多的是精神上的放松,可以是旅游,也可以是读书、散心等。人们看到的事物往往是自己心灵的映射,所以才需要出走,在向外观察的同时也要向内反省,从而调整心情,迎接生活。

(孙鹏勃)

第17周
周五

伟人的精神用一种特殊方法反映于当时社会环境而垂其影响于吾人。……是以伟人的生命中,生活着整个时代的生命。他们吸收一切所可吸收之事物,而反射以最优美最有力之敏感。

——林语堂《吾国与吾民》

【解读】

"时势造英雄",时代创造了伟人,从伟人的身上,我们可以看到当时的时代特征和社会环境。伟人的精神可以通过影响社会环境而影响普通人,伟人也同样受到所接触的书籍、事物,所交往的人的影响。因此,透过伟人的生命,我们可以直观地了解整个时代。

(齐悦彤)

# 文明的反省

人类文明延续至今,面临的挑战主要来自科技发展与全球化发展困境。历史往往有重复的成分,但科技却一直滚滚向前。对每个人而言,科技发展带来的益处无须多言,但也带来了科技伦理、局势安全等方面的忧虑,诸如人工智能发展方向的把握、战略性武器的管控等,早已提上了人类发展的议程。在这样的形势之下,人类何去何从?苹果公司首席执行官库克的担心并非多余,"我不担心机器像人一样思考,我担心人像机器一样思考"。当下文明的另一个挑战便来自人类全球化进程中的分歧,利益集团的本位主义、单边主义的短视行为等,都影响了人类命运共同体的健康运行,亟须人类高瞻远瞩,共同应对发展困境,创造人类美好未来。

人类学家玛格丽特·米德有一个"文明起点"的论断:人类文明最初的标志可能是"一段愈合的股骨",因为在茹毛饮血的远古时代,断了股骨的人,不能打猎,也难逃野兽伤害,除非得到他人帮助,否则必死无疑;而一段愈合的股骨,表明伤者得到照顾并获得康复,说明人们怀着悲悯之情和生存智慧,帮助困境中的同类,开始告别野蛮走向文明。相信这一论断,对于当下面对全球性挑战和困境的人类,仍有启发意义。

真正的文明会让人类相通,任何先行者都不会独享自己的文明。

——熊培云《一个人的传统》

【解读】

"传统即信息",传统的诞生与发展具有信息开放、传播的特点,其面对的是整个世界。世界范围内不同地域、国家自然有发展阶段或速度等方面的差异,文明传统的发展也有各自的特色与节奏;但每一个文明都"从属于人类这个大传统",彼此之间的交流融合也建构、丰富着人类传统,故而我们会享受着各自文明的多样化,也同时理解、感受着人类文明的共通性。

(杜欣然)

第18周 周二

机器在变得人格化，人则开始变得自动化。

——贾行家《世界上所有的沙子》

[解读]

在科学技术飞速发展的现代社会，我们使用的各种机器、设备被设计得拥有许多与人类行为相似的功能，被算法套上了具有情感的外衣。然而，这种"人格化"并未促进人类社会更高人文关怀的形成，却使我们在网络虚拟空间减少了共情与尊重，成为信息传播的工具，从而导致"丑闻社会"等多种问题。当服务于我们的人格化"机器"引向的是与人类期望相反的发展趋势，我们该认真思考自身与科技该如何优化，以促进人类文明进程的良性延续。

(田艺)

照我看，任何一个文明都该容许反讽的存在，这是一种解毒剂，可以防止人把事情干到没滋没味的程度。

——王小波《文明与反讽》

[解读]

在作者眼中，一种事物过度盛行直至覆盖了同一领域的方方面面，属于"犯贫"，这时候，再有趣的东西也显得枯燥乏味了。比如维多利亚时期的英国，人人清高禁欲，假正经，结果出现了一大批匿名出版的地下小说，这便是"反讽"。过了一个世纪，英国又开始流行这种读物，几乎遍布各大书店，这简直是在"犯贫"。于是乎，有个作者就写了一部反套路的故事，把女主角写死了，给这种贫瘠的文学现象浇了冷水。

（张智涵）

在我看来,如今要想评估一个文明的价值,我们最应关注的问题不是其所建造的或能建造的城市是如何宏伟,建筑是如何华丽,道路是如何通达;不是其所制造或能制造的家具是如何典雅舒适,仪器、工具或者设备是如何巧妙实用;甚至也与其创造的制度、艺术和科学无关:为了评估一个文明的价值,我们应该探求的问题是人性类型,也即这种文明产生了什么类型的男人和女人。

——辜鸿铭《中国人的精神》

【解读】

辜鸿铭在这里将"人"作为文明的本位。而文明的产物,无论科技、艺术或是信仰,终究要服务于人。当然"服务"不只是满足他们的低级欲求,而是在文明的浸润下,使人们在精神上达到崇高的境界。这于他们内心,是对真善美的向往与追求;表现于外则是深沉、淳朴、博大、灵敏的气质。这样的人能够自我约束,遵从道德而无须面临刑罚的威胁;这样的人向往和平并有着包容的胸怀,故不会贸然发动战争。我们应该辨别,哪些"科技"与"概念"真的能够提升我们的精神。

(张天翼)

第18周
周五

世界文明发源地有二：一是科学研究室。一是监狱。我们青年要立志出了研究室就入监狱，出了监狱就入研究室，这才是人生最高尚优美的生活。从这两处发生的文明，才是真文明，才是有生命有价值的文明。

——陈独秀《研究室与监狱》

【解读】

科学研究室崇尚科学精神，是用理性的思维与眼光客观审视世界；监狱蕴藏反抗精神，是新思想在旧制度的压迫下面临的困境与考验。近代革命家与思想家将研究的地点打通，无论身处研究室还是监狱，都不舍弃科学理性的精神与矢志不渝的革命追求。

我们可以从更广义的层面理解"科学研究室"和"监狱"的内涵。作为学者、思想家、革命者，最宝贵的两样品质便是"科学思维"与"质疑精神"。因为诉诸科学理性，所以能在实践的理性探索中检验认识的真理性；因为敢于质疑，所以能充分立足条件与发展对权威与传统批判继承，这是思想进步的革命性力量，是人类文明的起点。

（刘伊濛）

> 经济决定人类有能力做什么,科技决定人类可以做到什么水平,文化省思哪些事应该做,而哪些事不应该做。

——梁晓声("第十届茅盾文学奖"获奖感言)

【解读】

经济作为社会发展的基石,反映着人类的生产力可以发展到怎样的程度,可以在多大程度上改变世界。科技作为推动社会进步的重要手段,极大地改变了人类的生活面貌,让人们的生活水平不断向前发展。在经济快速发展、科技日新月异的当下,我们应当意识到,文化的省思,可以让我们的内心有清晰的航向,记录过往岁月里的经验与智慧,明晓做事的方向和目的。对于人类社会的发展而言,文化的反思是不可或缺的。文学的永恒主题是对"真善美"的追求,文学肩负着文化影响的重要责任,而文化对我们的意义,其实就在于方向的引导和过程结果的反省。

(杜欣然)

## 道德与法律

　　道德与法律都是社会调控的重要手段。道德偏柔性，较多依赖自制力；法律偏刚性，较多依赖外部强制力。但两者并非泾渭分明，而是相互联系的，也存在内容上的转化。所谓德法并治，长治久安。我们生活中有个高频词"德行"，"德"须与"行"结合，才能发挥其应有的作用。所以真正的道德不是流于说教空谈，而是具有实践性，化为人们的自觉习惯，渗透于生活点滴和公共秩序。我们相信道德的力量，但不能高估人性本身，仍需重视强制性秩序的建立。中国从乡土社会根深蒂固的"无讼"观念到"法治中国"的全面建设，我们的现代法治进程起步较晚、任重道远，整个法治体系的转型与完善需要所有人的共同努力。国家近期颁布施行的权益保护、生态保护、行业规范等领域的法律法规，都有力地引导和保障了新时代的社会运行。

我很喜欢法律。法律更像人性的低保，是一种强制性的修养。

——电影《烈日灼心》

【解读】

有许多案例，都是在道德之心泛滥后、唇枪舌剑完后，才想起用法律作武器。秩序由道德和法律共同保障，法律虽有滞后性但也有着强大的确定性。所以理性的做法是，出现问题先求助于法律，平时生活行动要在法律允许的范围内，用道德来进一步指导自己的具体行为。在网络上理性发声，不感情用事，不助长不良舆论。

(马鸣悦)

第19周
周三

世界上有两件东西能震撼人们的心灵：一件是我们心中崇高的道德标准；另一件是我们头顶上灿烂的星空。

——康德《实践理性批判》

[解读]

天地有自己的规矩，万物有自己的法则，懂得敬畏，是人生修行的根本。一个人心存敬畏，那么必然"身有所正，言有所归，行有所止"。对天道有敬畏，方可以顺势而行，趋吉避凶。对地道有敬畏，方可法地之厚德，成宽博之心。对人道有敬畏，方可同气相求，同声相应。对生命有敬畏，才会珍惜生命，活在当下。对祖先、父母、师长有敬畏，则可使家道兴旺，师道传承。在喧嚣的社会，只有心存敬畏，不分心，不浮躁，不被欲望所扰，素简从心，谦逊平和，才能保持内心的执着和清静，活出生命的从容和淡定。"慎独"，是最高级的道德自律，古人诚不欺我。

(李丹枫)

他们证明了你写的是谎话,也不能剁掉你写下这句谎话的手。

——塞万提斯《堂吉诃德》

【解读】

这句话谈到了道德和法律层面的约束问题。有时候,即便我们知道他人在学术上弄虚作假,想考证、披露时却总是有心无力。再比如,频频发生的"高铁霸座"等事件,暴露出社会公德意识的匮乏和社会治理治标不治本的乱象。《堂吉诃德》中的这句话,启发我们要用法律手段去解决道德领域的突出问题,不要让我们的文明蹒跚而行,追赶不上现代化的步伐。

(连悦怡)

道德这事,必须普遍,人人应做,人人能行,又于自他两利,才有存在的价值。

——鲁迅《我之节烈观》

**[解读]**

合理的道德属于"群众道德"范畴,体现的是每个人作为社会成员对整个社会应当承担的一种基本道德义务,是"责任内的美德"。这种"责任内的美德",不是高不可攀的,而是每个努力追求的人都能做到的。鲁迅在《我之节烈观》中对道德的定义,是对全文观点的论证和对男子要求女子节烈一事的有力批驳,更能体现他对于社会责任与义务的深刻思考。

(张锦茜)

> 感情有着极大的鼓舞力量,因此,它是一切道德行为的重要前提。
>
> ——伊凡·安德烈耶维奇·凯洛夫《教育学》

【解读】

这句话强调了感情与道德行为之间的逻辑关系,将感情作为实行道德行为的动因,可以提高践行道德的积极性。比如我们常说的助人为乐,就是把帮助别人这样符合道德标准的事作为乐趣的源泉,越帮助别人就越快乐,而人们总是追求快乐的情绪,想要快乐就会去帮助别人。如此,一旦这些积极正面的情绪与道德行为产生联系,我们就会为了获得这些情绪而做一些符合道德的行为,我们就可以如德谟克利特所强调的那样"热心地致力于照道德行事,而不空谈道德"。反之,若是将负面的情绪,比如羡慕嫉妒恨等,作为行动的前提,那我们就会反其道而行,在追求快乐时,做出不符合道德之事。可见,积极正面的感情可以鼓舞人们做出符合道德的事,而负面的感情对人行为的作用则正好相反。

(马嘉成)

张伯苓曾就陶行知讲演中的"知行合一"主张发表自己的观点:

"仅仅得了许多的知识就能满足了吗?……当然不对……什么是'行',怎么'行'呢?教学生实地练习一下就是'行'吗?这个并不是我所谓的'行',也不是古人所谓的'行'。我所谓的'行'是行为道德。"

"现在社会变迁很大,而多流于偏废,只重物质,不重道德。尽管'学富五车',而行为可以丝毫不顾。这种错误,我们既然已经觉察出来,就应极力矫正……行些什么呢?简而言之,就是行做人之道。"

——纪录片《先生》

[解读]

通常来说,我们将"知行合一"理解为学习与实践的统一,能将所学知识应用于生活,能在生活中将为人处世的道理付诸实践。近代教育家张伯苓对"知行合一"提出了独到的解读,"知"为求知,学习知识和技能,"行"为践德,躬行良好的德行,这样就将"知行合一"从讨论学习上升到了讨论如何培养一个人格完善的人的层面上。

一个人格完善的人,首先需要良好的道德,也需要知识与技能。首先,良好的道德能让人行正道,不误入歧途,也能让人更好地与人交往,如孔子游历各国,凭借道德与人格获知政事民情。第二,良好的道德也是知识用于正道的保证,因为有社会责任感与炽热的爱国之心,钱学森、于敏等物理学家潜心钻研两弹一星,将平生所学用于有益于家国的事业。

知识与技能对一个人来说只是谋生的手段吗?我认为不是。知识与技能是人的价值感的来源,也是多彩生活的助力。拥有知识与技能,从学习的过程中获得成就感,从工作的过程中获得价值感,逐渐建立我们的自尊、自信,帮助我们找到自己的价值所在。在此过程中,开阔自己的视野,培养兴趣爱好,让我们能享受自己热爱的工作,让生活变得更加幸福快乐。从这个角度说,知识与技能对于培养一个人格完善的人同样重要。

良好的道德,加上知识与技能,正是张伯苓所说的"知行合一"。

不难理解,对道德的强调具有很强的现实意义。在任何时代强调道德都尤为重要。道德同样也应该是教育的重点,在培养知识能力的同时,我们应当厚植道德之根,让清风拂过我们的心灵与社会!

(洪昕悦)

人与他人

## 关系相处

建立理想关系的前提,首先双方或各方拥有独立的人格。人格越独立,情感输出越理性、越克制,亲密关系更是如此,否则美其名曰"关系",实则可能是依附、绑架。"君子和而不同",这里的"不同",在关系建立上强调的是独立人格,否则就是"同而不和"的"小人"了。其次,就是平等相处,真诚相待,这是维持良好人际关系的原则。韩愈所抨击的"官盛则近谀,位卑则足羞",就是世俗功利的不良关系。君子之交,其淡如水,平等互重,不以贫富贵贱而易。另外,现代社会人际关系,还应具有清晰的边界意识,即使亲密关系也要懂得"课题分离",一来尊重对方独立的权利,二来利于主体为自己负责。

人与他人

我喜欢猪。狗崇拜人类。猫蔑视人类。猪对我们一视同仁。

——温斯顿·丘吉尔

[解读]

猪、狗、猫只是比喻，本身无特殊含义，但其关系可以引申为人与人之间的关系。有的人站在你的头顶蔑视你，有的人在你的下方仰视你。被轻视自然让人感到不舒服，而只被仰视也会让人感到孤独，难以获得真正的满足。我们所需要的朋友一定是平视我们的，友谊是建立在平等基础上的自由交往。只有通过平视，我们才能客观地找到与我们价值观相近、志同道合的朋友，也只有这样的友谊才能使双方都获益良多。

(唐鹤洋)

永远不要让别人知道你在想什么。

——电影《教父》

【解读】

语言是沟通交际的工具，但也可能成为深层心理的反映。慷慨激昂的交浅言深、滔滔不绝的信口开河、毫无顾忌的口无遮拦、情急之下的全盘托出，会使对方穿透你的表层心思，挖掘你的深层计划，洞彻你的底层意图，把握你的根本动机，理解你的行为逻辑。你赖以生存、以之为指导的意义坐标系有可能彻底暴露，成为一览无余的"玻璃人"。唯有做到大辩若讷、谨言慎行，你才能为真实心思披上神秘的面纱，从扁平到厚重，化简陋为深沉，在复杂社会关系中寻觅得安身立命之地。

（杨裕新）

不合群只是表面孤独，合群了就是真的内心孤独。

——颜如晶(节目《奇葩说》辩手)

【解读】

合群，一般指与他人有共同体验或观点而形成的融洽状态。然而人与人的经历、生活环境不同，这导致不同的人面对同一事物很难产生相同的观点。长期的"合群"难免有隐藏真实看法，附和他人观点的一面。因此，刻意营造的"合群"其实是对真实自我的背叛，是对自己有别于他人的独特之处的掩饰。这样长期的内心情绪与表达的错位会使人们与内心的需要、深层的体验失去联结，引发心理上的孤独。而如果选择坦率表达，可能引发人际上的孤独，甚至会得到"不成熟"的评价，但是能够达成自我的统一，保留自己的特殊性。每个人独特的一面才是属于自己的一面。保持"孤独"，成为你自己。

(李嘉萌)

第21周
周一

孤独中蕴含着极大的思维活动能量,它给人更清晰、更客观、更有条理的思维,从而使人做出巨大的改变。孤独的价值是不能忍受孤独的人难以体会的。

——陶勇《目光》

[解读]

我们常说,人是社会性动物,因此孤独常被认为是痛苦的代名词。但适度的孤独实则具有巨大的价值,而这种价值常被标上忍受孤独的负面标签,能够忍受孤独的人能从孤独中汲取巨大的思维力量。

孤独的最大价值在于孤独中蕴含的思维活动能量。首先,孤独让我们的思维从向外转向向内,精力不再放在人际交往上,于是可以专注于对自己情感的体察、对自己想法的整理、对自己生活的反省,由于排除了他人观点的诱导与干扰,所以思维更清晰、更客观、更有条理,由于不必假饰,所以更为坦诚真实。其次,在孤独中我们也时常有对外界更为冷静深刻的观察和认识，犹如"隐身衣"，置身事外看透世态人情，身在世界的激流中，却能"身在水中，不觉水流"，陀思妥耶夫斯基在灰暗阴冷的宅第里，鲁迅先生在对着两棵枣树的蜗居中，两位文学大师在极度孤独的环境里，写出了对激荡的时代冷峻犀利的审思。这些无不来自孤独对于个体思维力量的激发与调动。

孤独也给了我们避免被裹挟，可以审思生活的主动权。在生活中，我们可以让繁杂的事务填满时间，我们如果愿意，也可以让手机里虚拟世界的视频、游戏、音乐、文字填满每一分每一秒，表面上孤独很容易解决，但是我们会时常感觉身体忙忙碌碌，眼前热热闹闹，内心却无法被装填。这时，孤独可以主动地与外界想要裹挟我们的力量"脱钩"，给自己的生活"留白"，在短暂的休整之后，重拾方向，重拾热情，再次投入世界和生活，"脱钩"与"重回"的循环往复，就是有意识地掌控人生，清醒地生活的方式。

想要汲取孤独中的益处，必先学会与孤独和平共处。感受孤独就像人身体里的一个小孩，越是拒绝他，他反应越强烈，相反，学会面对他、安抚他，与他和平共处，他逐渐就会变得乖巧、平静，成为自己的心灵支撑。与孤独相处，也需要一些智慧，"慎独"最难，在孤独中坚定自己的操守，而不是放纵自己的言行，需要意志品质，需要技巧方法，需要眼光智慧。掌握了这些，孤独逐渐会成为自我成长的机会，而不是摧垮心灵的魔鬼。

孤独，看似是人生的寒冬，实则孕育着人生的阳春，与孤独共处，从孤独中汲取生命向上的冷静与深刻的力量。

（洪昕悦）

我不再装模作样地拥有很多朋友,而是回到了孤单之中,以真正的我开始了独自的生活。有时我也会因为寂寞而难以忍受空虚的折磨,但我宁愿以这样的方式来维护自己的自尊,也不愿以耻辱为代价去换取那种表面的朋友。

——余华《在细雨中呼喊》

【解读】

很多时候我们会因为那些我们认为应该去努力维系的友情,一直不停地违背自己的意愿去做一些事情,这个过程中我们并不能感受到开心和快乐。其实,这样消极维持的友情,也许还不如断交。我们总认为陪伴是一种朋友的打开方式,可更让人觉得喜欢的,明明是理解和认同,只不过很多时候获得的都是流于表面的感情,反而需要不停地为了维系朋友关系,妥协和让步,甚至是牺牲。或许当我们对自己的情绪妥协,满足自己的需要,而不是违背自己内心真正的欲望去生活,可以轻松很多。

(连悦怡)

第21周
周三

在那里,就算做客人,照样享受到一切自由待遇,不是被摈于它(指主人的房屋)的八分之七以外的地方,关在一间特殊的斗室里,还关照你,说什么宾至如归等——其实把你幽禁起来。所谓"殷勤招待",乃是一种跟你保持最大距离的诀窍。

——亨利·戴维·梭罗《瓦尔登湖》

[解读]

这句话主要讽刺了那些在待客时嘴里说着欢迎并殷勤招待,实际上却厌恶对方的到访,排斥对方的人。在人类的社会交往中,礼仪在今天的社会生活中占据着重要的地位,尤其是在中国这个自古重视礼的国度,礼仪似乎是不可或缺的。

但是,需要考虑的是,礼仪是否也有其局限性?

从待人的角度讲,礼仪是一种希求让对方从自己这里得到合适的待遇的社会规范。之所以要严格地遵守礼仪的要求,是为了不使自己的行为触犯到对方而引起冲突,从根本上来自并承载着对对方的尊重。但事实上,由于思想观念、生活习惯等的不同,按照礼仪对待别人,必然会有所取舍,将那些符合社会观念所认定的"正常"的部分,按照礼仪的规则展示出来。礼仪是人在面对他人时采取的一种策略,一种不使对方感到不适的策略。

从对己的角度讲,礼仪是一种外部约束,而不是由自己生成和总结的行为准则。所以,它的界限有可能与一个人的本真面目存在着冲突。一个人在某个情境下的自然反应可能是完全不礼貌的。礼仪是本着对对方的尊重而产生的,内容与形式尽管是互相依存的,但形式的存在就是为了承载内容。有形式而无内容,不如有内容而无形式。那么,只要真正地尊重对方,对于社会礼仪的小节则不必过多纠结,不必为之束缚。

综上所述,礼仪只是对待在差序格局距离较远的人的一种策略,借此与之保持一定的距离,免除不必要的事端;对于距离较近的人,礼仪或许应让位于自我的真实表达。

(黄雨辰)

羽毛既丰，各奔前程，上下两代能保持朋友一般的关系，可疏可密，岁时存问，相待以礼，岂不甚妙？谁也无须剑拔弩张，放任自己，而诿过于代沟。

——梁实秋《代沟》

[解读]

代沟，是指年轻一代与老一代在思想方法、价值观念、生活态度、兴趣爱好等方面存在的心理距离或心理隔阂，其核心是由于时间差距与位置不同所带来的理解困境。然而，只有代沟并不足以导致种种冲突的产生，年轻一代与老一代之间因互动不良而出现摩擦才是两代人产生冲突的直接原因。要想避免代际之间的冲突，两代之间应进行良性互动，彼此留有空间，心怀关爱之情，以礼相待，相互体谅，保持朋友一般的关系。如果上下两代都"剑拔弩张，放任自己"，则老一代不免管得过宽，侵犯到年轻人的领地，年轻一代则过度反抗，恣意发泄，伤害老一代人的心，甚至酿成家庭的悲剧。代沟只是一个借口，将冲突"诿过于代沟"没有意义，因为代沟在所难免，也无须避免，上下两代并不必融入对方的圈子里，把沟壑填平，重要的是改变两代沟通互动的方式。

(王哲萌)

被别人揭下面具是一种失败,自己揭下面具却是一种胜利。

——雨果《巴黎圣母院》

[解读]

或因为虚荣,或因为怯懦,在面对世界时,部分人总为自己戴上面具,将真实的自我藏匿其下,用虚假的面具示人。那张面具或光鲜亮丽,"完美"地隐去了几乎所有的缺陷,或是自己构想出的与本质截然不同的画皮。当与不同的群体周旋时,甚至还要不断地切换面具,以维持自己被所有人"认可"的形象,为享受欣赏的目光,把实在的人生活成了一场毫无意义的闹剧。

但设想这张面具被他人揭下,面具下的脆弱或丑恶会毫无防备地暴露。煞费苦心的伪装立刻化为乌有,先前一切花费在面具上的"努力"全部付之东流。面具再精致,也无法弥补背后的残缺。并且,他人由此知道他长期以来的虚伪,只好将他偶尔无意识的真心，也算作骗术。他从此不被信任，甚至被误解，人们只会往坏处想他。毕竟他是个戴着面具的丑角。

所以，倒不如亲自摘下面具，尝试以真面目与他人相处。假使认为自己不够完美，那便从根本改变自己，尽力朝着自己所期待的样子靠拢。通往胜利的第一道门槛就是回到现实，把面具营造出来的虚假的"自己"击碎，直面那个有缺陷的自己。将姿态放得谦卑，脚踏实地地寻求改变自己的方式，逐步地完善自己。只有学会接受真实自我，才能放下骄傲，敞开心扉地吸纳外界的帮助。

同样是暴露自己，主动去做是一种胜利，因为这意味着人战胜了自己的虚荣和逃避心理。

（雷玉佳）

一旦人们被归入某种"框架"或类型，他们会尽力弥补缺陷。但弥补的努力总是让他们想到自己"是什么"，因此就会在那个类型中越陷越深。

自弗洛伊德以来，人们一直在强调分析：找到行为的深层真相和动机。孔子的方法几乎与之相反，他不去管人们的性格，而直接关注行为。他敦促你用得体的行为与同事、下属、上司和家人相处。孔子对人的个性或心理素质完全不感兴趣。

"六项思考帽"方法遵循的是孔子的体系而非心理分析体系……

——爱德华·德·博诺《六顶思考帽》

【解读】

　　在讨论某一问题时，人们常常陷入思维混乱或自说自话的困境，最终疲于辩论而非携手前进。爱德华认为讨论缺乏指向性的根本原因不在于人们之间缺乏理解，而在于人们对于"讨论"这一程序本身缺乏理解。他直接着眼于讨论程序的设计以激发出"讨论"独有的价值。因此他提出六种颜色以对应六种思考角度，使人们能够同时同向地看待问题。他认为优秀的思考者应该擅长从多种角度思考，就像演员既可以表演悲剧，也可以表演喜剧。

（张天翼）

我认识到语言及表达方式的巨大影响。也许我们并不认为自己的谈话方式是"暴力"的,但我们的语言确实常常引发自己和他人的痛苦。后来,我发现了一种沟通方式,依照它来谈话和聆听,能使我们情意相通,乐于互助。我称之为"非暴力沟通"。

——马歇尔·卢森堡《非暴力沟通》

[解读]

"非暴力"一词,指暴力消退后,自然流露出的爱——即使在逆境中,也能使人乐于互助。在一些地区,"非暴力沟通"的方式被称为"爱的语言"。它的目的是提醒我们借助已有的知识,让爱融入生活。非暴力沟通指导我们转变谈话和聆听的方式。我们不再条件反射式地反应,而是去明了自己的观察、感受和愿望,有意识地使用语言。我们既诚实、清晰地表达自己,又尊重与倾听他人的想法与感受。运用非暴力沟通聆听彼此心灵深处的需要,我们将以全新的眼光看待人际关系。它不只是一种沟通方式,更是一种持续不断的提醒,使我们专注于更可能满足我们人生追求的方向。

(郭咏涵)

# 理解他人

孟子说，人有"四端"，恻隐之心、羞恶之心、辞让之心、是非之心，这一传统理念至今仍可作为正己待人的总则。"理解他人"的哲学要义，首先是把他人作为目的本身，而不是功利手段，这是一种平等尊重的视角，也是终极追求；其次是换位思考，站在对方的立场上思考问题、处理问题，"他人有心，予忖度之"，同理共情，才能建立真正的连接；另外，"理解他人"不只是简单地善待他人，而是通过"理解"形成自己独立的判断，从而更好确立关系定位。

第22周 周三

你要如此行动，即无论是你的人格中的人性，还是其他任何一个人的人格中的人性，你在任何时候都同时当作目的，绝不仅仅当作手段来使用。

——康德《道德形而上学的奠基》

【解读】

"人非工具",是康德哲学中重要的命题之一。这句话的意思是说,任何人的人格都应该被平等对待,即当作行为的目的,而非像工具一样仅仅作为达成目的的手段。它有一个前提,即"任何人都平等地拥有自己的人格"。

这一论断,是因为人是世界上唯一有理性的动物,这使得人的存在本身具有物的存在无法比拟的独特性,因此物只能作为手段。如果将人仅作为手段,则无异于将人视为一般的物,残忍地忽略了对象作为人的独特性。这是对人性的抹杀,违反了道德伦理的要求,因此康德强调:人必须作为目的。

这一论断对今天的我们具有启示作用。人于世间,只能选取自己的视角,无可避免地受到自我的局限,无法和他人达成完全的理解。尊重他人的人格,往往需要自己多费心力,有时还会损失自己的利益,因此功利自私成为很多人的行为准则。基于此,很多人干脆选择不顾他人,我行我素,全无对他人人格的尊重,而肆意做出侵犯他人的举动。

虽然如此,人还是能在最大限度上认识并尊重他人的人格。采取尊重的态度,将人视为目的是有其功用的。子曰:己所不欲,勿施于人。强调的就是在行动时考虑他人的感受,而非将他人作为自己行为的被动承受者。同时,尊重是互相的。今日送出的尊重会有一日反作用于自身,从而实现人际关系更长期的和谐。以人为目的,不仅是忠恕之仁,也是处世之智。

(黄雨辰)

那些听不见音乐的人,认为那些跳舞的人疯了。

——尼采

**[解读]**

正所谓"子非鱼,安知鱼之乐",每个人心中都有一团火,但路过的人只看到了烟。论辩是需要理性的,这其中包含了敢于允许不同声音存在的理性的勇气。我们以逻辑组织论据,捍卫某一观点存在的合理性,但也要注意不要在自以为是的强势中走向观点的封闭。高质量的思考需要观点的开放,我们应尽量避免因固有认知和环境造成自身看待问题的狭隘,纵然无法感同身受,也要做到最起码的尊重,而不是冷眼旁观的嘲讽。毕竟,我们可能都是舞者。

(杨晓菁)

"他心问题"：我们无法明确除了自己以外的任何事物具有意识。

——尤瓦尔·赫拉利《未来简史》

【解读】

人类可以透过内省来确认自己拥有心智，但是只能观察到其他人的外显行为。既然我们不能直接观察到其他人的心智，那么由行为来推论其他人也拥有内在心智是否合理、可靠？这个难题，在《庄子·秋水》篇中的"濠梁之辩"有过记载，庄子与惠子提出了一个概念叫"子非我"，既然"子非我"，便无法观察和证实我的心智。但是在《道德经》里面，老子则直接指出"知人者智，自知者明"，强调他心是可知的，把对人的洞察力作为认知水平的一个评判维度。他心问题其实是一个经典的哲学悖论：从行为见心灵。把个体的行为和心灵作二元切分，考察个体的外部行为与内在心理之间，是否是编译和解译的过程。某个体编译和另一个个体解译所用的语言系统未必相同，那么就会产生行动与心灵之间的剥离和对立的可能。

(张琳笛)

第23周
周一

> 误解是人生常态,理解是稀缺的例外。
>
> ——罗翔《圆圈正义》

**【解读】**

大多数时候,个体在面对强大的外界阻力时都会感觉力不从心。在一些很痛苦的时刻,人总会期待着有人能听懂自己的哭声。但现实却很残酷:误解是人生常态,理解是稀缺的例外。

人类很可能是个体差异性最大的生物。从出生开始,人的性格就有着不同的倾向;相同的性格,在不同的成长环境中也可能有不同的思维特征和观点倾向,人类社会多姿多彩的同时,也悄无声息地加强每个人的独特性,而独特性隐含的代价就是理解的鸿沟。社会经历不同的人,常常很难设身处地地理解他人的情感和思想;即使有着相似的经历,在谈到共同的苦难时,一方也很可能只是将自己的苦难在头脑中复现一遍,而并未察觉两人经历的细微差别;人类有着发达的想象力,对别人的理解也常常掺杂着想象和预期，使他人的形象在自己的脑海里固化。这些都是人与人理解的障碍。误解是矛盾的根源，但误解的根源并不一定是不去理解别人，而可能是"他人有心，忖度不得"的造化弄人。

但也正因"理解是稀缺的例外"，理解的价值才显得无比珍贵。许多时候，我们并不需要别人讲述道理，因为那些道理我们自己可能也懂；唯独知己的一句安慰"没事，我也经历过，我懂得你的感受"，可以让我们确信自己不是世界上最悲惨的人，自己所遭受的苦难，别人也可以共情。如此一来，苦难就不再是不可战胜的敌人，我们也因共同的苦难而产生深厚的精神联结，在理解与包容中形成更加强大的力量。

（黄雨辰）

人与他人

# 爱与帮助

"有时去治愈,常常去帮助,总是去抚慰。"这为人称颂的医者仁心,道出了"爱与帮助"的真谛,我们的爱心与援手,尽管难以在本质上解决问题,但它形成的人性场域,激发着参与其中的每个人。在这一过程中,利人利己的帮助容易发生,但如果帮助方与被帮助方不是双赢,而是零和关系,这就开始考验人性了,我们也因此见到人世间诸多的悲乐忧喜。还有,奉献爱心、悯弱恤孤,有一个重要原则,就是摈弃施舍心态,以得体的方式让对方有尊严,而非炫耀与傲慢。

第23周
周二

> 我的生活目标,无一不是在帮助别人,使每一个人都得着春天,每颗心都得着光明,每个人的生活都得着幸福,每个人的发展都得着自由。
>
> ——巴金

[解读]

巴金被誉为"二十世纪中国文学的良心",他用《家》《春》《秋》等著作温暖了无数身处苦难之中却又向往光明的人,他的生活目标之一就是帮助别人,用充满爱意的文字和实际行动温暖人间。

帮助他人是中华传统美德,每个人都有遇到困难的时候,这时候需要的是他人的帮助,帮助他人可以让他人渡过难关,让整个社会充满温暖。帮助他人这种行为虽然常见,但要把帮助他人作为生活目标却很难。将帮助他人作为生活目标无疑有一种心系天下的济世之情,人们可能大多只关注自己身边的人,将帮助他人扩及每个人是非常不易的。这也是我们为什么要赞扬、宣传那些以帮助他人为信条的人,因为他们可以将温暖传遍整个社会,传递到每一个人。

对我们而言,帮助他人也是我们每个人要做的。"予人多则予己少",帮助他人会损害自己的利益,这种"零和博弈"的想法是消极错误的。帮助他人能收获精神上的愉快,也能提升自己。帮助他人,将温暖传递给身边的人。

(皮磊)

第23周
周三

爱具体的人，不要爱抽象的人。

——陀思妥耶夫斯基《卡拉马佐夫兄弟》

【解读】

"人类"是一个抽象宏大的概念，人和事高度抽象化而得出的概念往往具有理想色彩，甚至趋向完美；"具体的人"则是现实里一个一个的人，我们每天身处他们之间，见证他们的包含着缺憾的真实和复杂人性的本来面目。前者是理想，后者是现实，两者都是重要的存在，之间也存在鸿沟。我们面对问题的关键是：如何将我们对全人类的博爱，转化为对个体的人的切实的爱，填平理想和现实的沟壑。

"抽象地爱人类，实质上几乎总是只爱自己"，许多人好似对全人类心怀大爱，却只是在爱着那个"爱全人类"的自己。从道德层面来评价，这具有些许虚伪和自私的意味，但客观上，更倾向于爱"全人类"的个体其实常常是有道德感和责任感的，他们的想法并非不能理解：我们都向往完美的理想，虽然那是虚幻的，也比包含了丑陋的真更容易让人接受。只可惜，他们陷入了自我感动的想象怪圈，脱离了现实。对远方的人有无尽的包容心，自以为是大爱，却对身旁的人漠然、倦怠，甚至厌恶。

试着去爱"具体的人"，而不是"抽象的人"，这是需要付出的，也恰恰是付出才能成为连接理想和现实的桥梁。"与梦想中的爱比较起来，切实的爱是一件严酷和令人生畏的事情"，爱一个身边的具体的人，需要付出时间、精力、金钱、责任、理解、包容，还要承担自我牺牲却落得一场空的风险，这其中蕴含着具体做事时的各种小问题。爱是一门学问，而爱身边人尤其需要毅力。可也恰恰是这份不竭追求，赋予了爱更真实的力量，这份力量更为持久和坚固，不会像单纯的浪漫情结那样被现实的琐碎消磨。

理想与现实、抽象与具体的鸿沟，也与许多现实现象相联系。比如低成本"爱国者"，常空喊口号，肆意占领道德制高点，却不愿意付出事关自身利益的切实牺牲。我们应还原现实世界人们"你中有我，我中有你"的真实羁绊，把握并面对人与人的现实联结，拒绝孤立，不局限于空想的空中楼阁，回归现实语境，才能处理好这些现实问题。

悲悯情怀闪烁人性光辉，希望世上能够多些真实却不完美的大悲悯，而不是高高在上的"指点江山"，多些对身边个体的切实的爱。

（杨晓菁）

很多好人好事眼睛是看不到的，要用心灵才能体会。妙手回春把你从死亡线上拉回来的是神医，润物细无声照料你这辈子根本就不生病的一样是神医。但是在给好人好事发红包的制度下，它鼓励的只是能让人看到、能让人赞美的好事。（辩题：给做好事的人发红包，你支持吗？）

什么都比不上过好自己的生活更有说服力。父母未必多么认同旧观念，但你的生活状态让他们不能放心，父母才觉得按他们的观念生活你会过得更好。（辩题：父母观念陈旧，我应该争论还是闭嘴？）

——《奇葩说》辩词

[解读]

以上两段文字是从两期《奇葩说》节目中摘录的颇具亮点的两则发言。在辩题讨论中,这两则发言都源于对生活的细腻体悟,对爱的真切思考。辩手将真实生活的复杂性引入讨论,从而揭露我们未关注的"盲点",掀开生活的另一面。

第一则是说,不是所有的好人好事都可以被看见,那些"润物细无声"的守护与关怀,比如父母、老师、身边的朋友,往往有远比让座、捐款这样看得见的好事更为广博深邃的情感,但身处其中的我们也常常难以察觉,不是吗?

第二则是说,与其与父母争论不休,不如去改变自己令人担忧的生活状态,透过父母想要将自己的观念强加于我们这一现象,看见了这一行为的出发点是父母对我们的爱与关怀,于是也就摆脱了"治标不治本"的困境。

(洪昕悦)

第23周
周五

  自我牺牲是压倒一切的情感,连淫欲和饥饿跟它比较起来都微不足道了。它使人对自己人格作出最高评价,驱使人走向毁灭。对象是什么人,毫无关系;值得也可以,不值得也可以。没有一种酒这样令人陶醉,没有一种爱这样摧毁人,没有一种罪恶使人这样抵御不了。

——毛姆《刀锋》

**【解读】**

  毛姆在《刀锋》中塑造了拉里这样一个真正可称为"人"的人物,他对堕落者充满热忱,试图帮助其走出泥淖,拯救其逃离水火。他将自我牺牲视为最高目的,作为自己一生的追寻。在我看来,所谓自我牺牲,就是帮助那些心生恐惧的人摆脱困境。它之所以崇高,是因为该恐惧不仅仅指肉体上的折磨,更多的是精神上的畏难,恐惧死亡,恐惧活着。

　　一个人要做到自我牺牲,首要就是对自我与世界有充分的了解与认识。敢于自我牺牲的人都是勇者,因为他们将一次又一次体验命运的无常。但走上这条路的人却不会思考这种做法的风险何在,因为他们早已坚定这是对的;他们更不会考虑结果如何,因为敢于自我牺牲的人早就将内心中对物质财富的惦念放下了。

　　自我牺牲常伴随着自我完善,它使牺牲者痛苦,却又使之沉醉。

(赵尚玟)

孩子们,这世界上不缺乏专家,不缺乏权威,缺乏的是一个"人",一个肯把自己给出去的人。当你们帮助别人时,请记住医药是有时而穷的,唯有不竭的爱能照亮一个受苦的灵魂。

——张晓风《念你们的名字》

【解读】

中国肝胆外科之父吴孟超曾在《朗读者》的舞台上诵读了这篇文章。古有神农氏尝百草,今有身为医者所投入的那种奉献精神,那种人饥己饥、人溺己溺、人病己病的同情心。所谓医者仁心,便是如此。吴孟超曾说,"我想背着每一个病人过河",他一生在岗位上的坚守和奉献,正是用不竭的爱去照亮每一个受苦的灵魂。不只医者,无论何种职业、何种身份,都应该常怀恻隐之心,理解别人的痛苦,体谅别人的忧伤,以诚意和爱心对待他人,成为一个肯把自己"给出去"的人。正如文中所言:"孩子们,让别人去享受'人上人'的荣耀,我只祈求你们善尽'人中人'的天职。某些医生永远只能收到医疗费,我愿你们收到的更多——别人的感念。"

(郭咏涵)

# 友谊之光

友谊的本质,是人在世上寻找"尺码相同"的人,正如《周易》所讲,"同声相应,同气相求"。中国古代的管鲍之交、伯牙子期高山流水觅知音、廉蔺刎颈之交,西方近代马克思与恩格斯的革命友谊,都为后人称道,堪称"人生得一知己足矣,斯世当以同怀视之"。真正的友谊,一是志同道合,彼此欣赏,实现共同进步;二要保持纯洁,摒除功利,否则"以势交者,势尽则疏,以利合者,利尽则散";三是要给对方独立空间,不能亲密无间,深陷其中。

与友相伴暗夜前行,胜过白天里踽踽独行,我的生活,就像在白夜里独行。

——东野圭吾《白夜行》

[解读]

　　与友相伴前行,亦是温暖。怎样的友情弥足珍贵？有些所谓的友谊,仅以物质利益来维系,经历时间冲刷,利益关系已然割裂,情谊亦不复存在。诚然,友情需建立在物质利益的基础上,然而真正的友谊则需深层纽带联结。正如小说中的亮司和雪穗,他们因事故而紧紧相依,共生共存,已超越物质本身。友谊的升华在于相互融入,相互理解,具有自我牺牲精神,不仅在共乐中锦上添花,更需在患难中传递温情,给予陪伴,正所谓"患难与共,肝胆相照"。

　　道阻且长,独木难支,一人独行难免寂寞。如有朋友鼎力相助,或鼓励促进,或默默陪伴,都会给予我们充实的能量。在"日光"下,前景光明,踽踽前行,亦会落寞伤感;在"暗夜"中,处境危难,他人相伴如熊熊火炬,为彼此点亮前进的方向。朋友的陪伴,纽带的联络,使个人不再孤独渺小,而是成为彼此的一部分,相互取暖,熠熠发光。

(李牧之)

桃李春风一杯酒,江湖夜雨十年灯。

——黄庭坚《寄黄几复》

**【解读】**

这句诗描绘出两种不同的意境,自然流露出诗人内心的情感:想当年,我与你在春风桃李下对酒高歌,这是怎样的慷慨激昂、意气风发;如今,我们身居两处,江湖漂泊多年,夜雨加重了思念的愁绪,这又是怎样的惆怅无奈,时光难挨。寥寥十四字,便将一对挚友多年漂泊未见、感慨昔日光阴的深重愁思淋漓尽致地书写了出来。

诗句无比简单,却入心动人,打动读者。这是为何?我想,一是诗词贵"言有尽而意无穷",在艺术表达上看似"点到为止",实则引发遐想,引领读者进行主观上的"再创作",成功建立起了作家与读者间的纽带与共鸣。二是场景的对比与切换。两个场景,带领读者穿越一对友人的十年人生,浓缩起五味杂陈的丰富人生体验,带给人极大的抒情空间。三是在于古诗词中意象的美感。无论是鲜花、春风与烈酒,还是江湖、夜雨与孤灯,它们附着了中华民族的共同审美经验,在一次次"被使用"中得到强化与固定,成为集体"文化"中的一部分。

(吕晓非)

第24周
周四

"黯然销魂者,唯别而已矣",遥想古人送别,也是一种雅人深致。古时交通不便,一去不知多久,再见不知何年,所以南浦唱支骊歌,灞桥折条杨柳,甚至在阳关敬一杯酒,都有意味。李白的船刚要起碇,汪伦老远的在岸上踏歌而来,那幅情景真是历历如在眼前。

——梁实秋《送行》

**[解读]**

传统文化场景颇多,而送别之景尤使人印象深刻,就上文中的南浦骊歌、灞桥折柳,都已成为我们熟悉而亲近的文化场景。究其原因,大概正如梁实秋先生所说,再次相逢不知何时何地,也许此一别便难再会。因此古人重视离别,每一次送行,都当作一场仪式郑重其事地对待。所谓"郑重其事",不贵于形式的铺张奢侈,而重在情感的真挚朴实;不在于难舍难分、潸然泪下,而贵在"天下谁人不识君""四海之内皆兄弟"的潇洒自然。你我相识一场,平素以知己相待,今日一别,不仅要向彼此道出千万珍重,更要留下铭刻在你心中关于我的最后印象。

在今人看来,这样送行的场景可能显得有些生疏而遥远。随着互联网的勃兴、交通的发达,且不论相隔异地的两人通过高速交通工具很快就能相见,即使无法相见,通过视频聊天也能听到、看到对方。因此,送行一事变得有些平平无奇,送行的场景也不再刻骨铭心。古人的"雅人深致"值得我们追寻,尤其对于那些我们珍藏在心底的挚友,需要我们认真地对待每一次分离。

(郑睿晞)

## 不畏世俗

世俗的裹挟力是非常大的,绝大多数人被送上传送带,不由自主地机械前行,房龙笔下"无知山谷"的悲剧一次次重演,偶有外出闯荡的游子,也会在守旧长老的煽动下被处以极刑,所以,真正的"不畏世俗"者往往要付出巨大的代价,但也获得了常人体验不到的自由和快乐。屈原坚信"亦余心之所善兮,虽九死其犹未悔",左思以"地势使之然,由来非一朝"抨击门阀制度,李白抒怀"安能摧眉折腰事权贵,使我不得开心颜"……这都是对世俗的挑战,也是他们追求独立人格的写照。"不畏世俗"者,心怀"被讨厌的勇气",不过被世俗定义的人生,敢于质疑与表达,活成了一道道美丽的风景。但是,若把"不畏世俗"作为目的,那就肤浅幼稚了,因为它只是人生追求中的表现。"不畏世俗",不是暴虎冯河,不逞匹夫之勇,还要有智慧和能力,方能追求人生的独立和自由。

比世人的目光还要可怕的,实际上是你自己那颗在意世人目光的心。

——山本文绪《世上所有的女人都结婚了》

【解读】

　　世人目光可怕之处，往往在于其简单化的处理方式，即以他们有限的所知所见，用非黑即白的标准评判看待事物，随之产生的偏见与指责，就似利剑一般向自己刺来。

　　而更可怕的，是我们自己作为一个独立健全的人，在意世人的目光，过分地关注他们，将所有的偏见不解与怀疑指责照单全收，这样往往会使我们因为他们的只言片语而否定自我。

　　生活于世俗之中，所有的目光都是客观存在且难以避免的。虚心听取他人的意见进而有目标地提升自我诚然必要，但一旦"照单全收"，就意味着自己丢失了理性的判断与认知——而一根"漂泊的芦苇"是不知道何去何从的，更何谈提升？所以，相较全收式的"在意"，我们更应对"世人的目光"作出自己理性的判断，保持自我。

　　时刻保持理性思考与判断，能将善意的"苦口良药"收之于心而后不断修练，能将恶意的"利剑"挡于心外以排除外界干扰，保持自我的节奏，一旦找到自己正确的方向，凭"天生我材必有用"的自信与"一蓑烟雨任平生"的潇洒，勇敢做自己，何惧世人目光？

（张楷鹭）

被贴上标签的人,只能等待着自己应得的人生。

——东野圭吾《信》

【解读】

倘若是被他人贴了与自我认知不符的标签,我们尚且有机会跳出标签的封印,因为我们可以意识到它的谬误,并想为自己正名。然而,若是亲手为自己贴上标签,就好比为自己设下无形的牢笼,受困其中,在那暂时性的乃至错误的认知下,本真的、存在无限潜力的"自我"就被掩盖了。

"标签"是一种逃避改变的借口,它预先否定了人生多样化的可能性,将人禁锢在某种特定的生活模式中。它类似人生的上限或者安全区,在此之外属于危险地带。它约束人们冲破固有的视野,阻止人们完善自我,改变生活方式。因此,被贴上标签,便只有一成不变地以当前的生命状态过活。思维模式与人格被固定,人生也随之失去变数,导向一个"必然"的结局。

人生把握在自己手中,人具有较大的可塑性,不要用"标签"来轻易为自己归类定性,而应相信自己的潜力,不提前默认"不可能",勇敢地在人生的航行中掌舵。

(雷玉佳)

> 我是常不免于弄弄笔墨的,写了下来,印了出去,对于有些人似乎总是搔着痒处的时候少,碰着痛处的时候多。

——鲁迅《狗·猫·鼠》

**【解读】**

乱世危亡中,鲁迅先生毅然弃医从文,"笔墨"便是他刺向时代要害的锋利匕首。一如既往的犀利暗讽,使鲁迅先生"不惧迫害、不畏世俗"的文人风骨跃然纸上。

在这段看似轻描淡写的文字中,蕴含了深刻的比喻意义。所谓"搔着痒处",是指能够解痒、令人痛快之至,正合"有些人"心意之处;所谓"碰着痛处",是指使其羞耻、令人难受不已,抓住"有些人"的软肋所在。可见,鲁迅先生的文字不为迎合、讨好任何人。对于那些"名人或名教授",甚至是"负有指导青年责任的前辈"之流,他们令人望而却步的名声、令人心生畏惧的权势,似乎都不能夺去鲁迅先生手中这把文字的匕首。

在这深刻坚定的态度背后,仍是一个真实鲜活的人撑起这份品格。面对强权威慑,鲁迅先生自知"万一不慎,甚而至于得罪了名人或名教授,或者更甚而至于得罪了'负有指导青年责任的前辈'之流,可就危险已极"。他深知自己尖刻的文字、辛辣的表达会将自己陷入危险,甚至威胁到生命。因此,他所呈现给我们的凛然无畏并非"无知者无畏"的莽撞,而是在深谙一切时激发出的鲜活的勇气。而对此,鲁迅先生仅称其为"弄弄笔墨",为随性自然的练笔,不取"挥洒"等大词故作凛然之态。在诙谐与不屑的交汇间发出"铁屋子中醒来人"深沉的呐喊。

所谓"不畏世俗"的勇气,并非是因不谙世俗而表现出"初生牛犊不怕虎",也不是只有一副昂扬的姿态才能将其展现。鲁迅先生向我们展示着这世上最鲜活的"英雄主义",在深谙畏惧后变得无畏,在坦然的姿态中燃烧勇气。

(刘伊濛)

# 悲悯与同情

面对他人的苦楚困境而心生悲悯同情,是仁者的表现。其实,谁都会遭遇挫折、陷入窘迫,只是善良的人们,会适当放下个人的苦恼、暂时清空自己的悲伤,把目光投向周遭,悲天悯人,感同身受。他们不仅能体贴到眼前的孤弱,还能谛听远方的哭声。当然,如果能够将同情转化为理性的行动,就是仁智兼具了。同情也有不同的含义和标准,比如,有的人腰缠万贯,但唯利是图、良知泯灭,也值得同情,因为他是人格的弱者;有的人暂时拮据困难,但积极进取走正道、筚路蓝缕启山林,这样的人会视同情为施舍,我们应该送上的是敬佩和祝福。

第25周 周三

当一个人集中地凝视着自己的不幸时,他就很难想象别人的苦难。

——路遥《平凡的世界》

[解读]

这段话是对《平凡的世界》中田福堂的评论。"很难想象别人的苦难",对田福堂如此,对我们每个人亦是如此。

在我看来,"很难想象别人的苦难"有两层原因:其一是想不到,就像我们看着电视新闻上对灾难的报道,即使从伤亡人数等数字中能抽象地感受到灾难现场的恐怖,但是没有身临其境地听见哭喊叫声,看见斑斑血迹,也难以对受难者的痛苦做到真正的感同身受。而更多的苦难又不是一瞬间的迸发,可能是一个人的长期生活困难累积而成,不能参与其过往,自然难以想象其身上背负的压力。其二是不愿想,生活带来的压力已经让人自顾不暇,每个人生活中多多少少都有不幸事,我们没有精力再去聆听旁人"遥远的哭声"。

但是,在他人困苦时我们若能伸出善意的手,向他人"雪中送炭"传递温暖的共情或帮助,这种力量在无形中将会被放大几倍。生活带来的苦难让我们生出了厚厚的保护壳,面对苦难一方面我们能用这种"钝感力"更好地保护自己,另一方面却也让人逐渐变得麻木冷漠,失去了人该有的温柔与悲悯之心。儒家讲"恻隐之心"乃仁之端,佛家讲"渡人渡己",请不要失去这种根植人性中的良善,少一些自怨自艾,多一些共情同情,不仅于他人是莫大的善意,于自己何尝不是一种治愈呢?

(吕晓非)

我同情所有不想上床睡觉的人,同情所有在夜里需要光亮的人。

——海明威《一个干净明亮的地方》

【解读】

不想睡觉的人和在夜里需要光亮的人是痛苦和寂寞的。他们总为某些事情烦恼,内心脆弱和空虚,在黑暗里没有一线光亮便茫然失措。对他们来讲,有太多梳理不清的思绪、克服不过的恐惧、弥补不了的悔恨,这些随着年岁的增长日益侵占他们的全部。原本强壮有力的心脏不足以承受生活的重压,他们遂在混乱的意识里沉睡着清醒,凭外界的一点点希望,在黑夜中仅存的一个干净明亮的地方里虚幻地过活。在重压面前,人可以选择顺遂情绪的沉沦,也可以选择奋起抵抗。前者是无尽的自我消耗,比如彻夜不眠和幻想;后者来自内心的定力和毅力,比如破釜沉舟,勇敢从容地熄灭最后一盏摇曳的微弱烛光。

世界有它的残酷也有与之相伴的温暖。无论一个人再堕落、再迷惘也有人愿意予之同情和宽容，愿意给万念俱灰的灵魂留一盏灯。"人类的悲欢并不相通"，诚然，人人自有他人难以共情的悲苦，但这不妨碍我们去感受一切存在于世间的苦难，同情一切存在于世间的疾痛。当《战争与和平》里身负重伤的安德烈公爵从昏迷中醒来，睁开眼看见高远的湛蓝色的天，他忽然懂得所有人，包括他的敌人，都应当被爱、被同情。苦难是人之常态，人性在苦难的考验下展现出最真实的样子。苦难在大多数情况下不是让人高风亮节而是让人变得心胸狭隘、苦大仇深。也许对于苦难中的人，若想要挽救他们，同情有用得多。

对我们而言，自己身处困境时不应将希望寄托于并不存在的干净明亮的地方，而是要坦然入睡，以充沛的精力和生命力尽力地在黑暗里靠自己向前摸索；在面对身处困境的他人，则应以真诚的、纯粹的情感，让他们痛苦寂寞的冰封之心慢慢融化和柔软。

（申若昀）

第25周
周五

（一件，两件，三件，）
洗衣要洗干净！
（四件，五件，六件；）
熨衣要熨得平！

我洗得净悲哀的湿手帕，
我洗得白罪恶的黑汗衣，
贪心的油腻和欲火的灰，……
你们家里一切的脏东西，
交给我洗，交给我洗。

铜是那样臭，血是那样腥，
脏了的东西你不能不洗，
洗过了的东西还是得脏，
你忍耐的人们理它不理？
替他们洗！替他们洗！
……

——闻一多《洗衣歌》

【解读】

　　这是闻一多赴美留学期间,看到美国华侨多从事替人洗衣等职业,地位低下的现状,及这种现状成了西方人嘲笑中国留学生的借口后感慨而作的一首新诗。诗歌中的洗衣工既是作者描写与寄托感情的实体,也有丰富的隐喻和象征意义。洗衣工的工作被认为下贱,可他们做的是将脏东西洗干净,清白的事。反观那些脏东西上的罪恶、贪心和浴火,无不是那些将脏东西交给他们的"上等人"身上的,又哪里是来自洗衣工的?不干净的,哪里只是洗衣工身处的环境,而非整个建立在罪恶血汗之上的社会呢?作者写作此诗的原意,是对自身悲哀、激愤的民族情感的一种委婉而诗意的表达。结合当时的写作背景,诗人和同时代的无数新青年、革命家一样,又何尝不是用自己的血汗,不断地尝试洗净当时旧中国的脏东西的洗衣工呢?

(郝海天)

# 群体的反思

群己关系是人类社会重要伦理关系之一,指个人与社会群体的关系。适宜的群己关系,群与己应各有界,既不应过度"崇群抑己",更不能"扬己害群"。对于群体的反思,首先,要以审视的眼光,理性研判群体现象,深刻透视社会本质,鲁迅笔下的狂人,就对历史礼教发出过"从来如此,便对么?"的质疑;其次,要警惕"平庸之恶",在概念提出者汉娜·阿伦特看来,这种罪恶不是从自身的邪恶动机出发的,而是因为放弃了思考、丧失了思考能力而作恶,是一种没有残暴动机的罪行,这些不自知的力量,聚合在一起,极易损害我们所处的群体。

> 我们这一代人终将感到悔恨,不仅仅因为坏人的可憎言行,更因为好人的可怕沉默。
>
> ——马丁·路德·金《伯明翰狱中书信》

【解读】

"坏人的可憎言行"会使我们感到悔恨,是因为它们通常都会给社会和民众造成严重的、显而易见的、难以挽回的伤害,正如"二战"时期纳粹对犹太人的残忍屠杀,又如种族隔离、种族歧视对于黑人造成的严重摧残。然而,"好人的可怕沉默"所造成的危害却往往被人忽视,也因此更容易对社会造成持久而深远的危害。"坏人的可憎言行"为好人的沉默提供了先决条件,而"好人的可怕沉默"又为坏人坏事推波助澜。

"说话只要有一个人发声就可以,但沉默却需要所有人的配合。"一个人的沉默是掩耳盗铃,一群人的沉默则能替世界上最惨无人道的恶行作掩护,这是合谋性沉默的力量。好人的沉默是可怕的,一方面是因为他们竟然能在如此残忍、违背常理的事件上保持沉默;另一方面,好人的沉默所造成的影响也是可怕的。的确,在强权高压之下,由于畏惧选择沉默,是很正常的自我保护机制。然而,"人们习惯于用政治或社会的压制来为自己的沉默辩护,却往往忘记了正是自己的沉默在为这种压制添砖加瓦。"很少有人意识到,每一个好人的沉默,都是恶势力逐步壮大的幕后推手。因为沉默在很多时候意味着对当前正在发生的事件的默许,以及对打破沉默的否定。沉默的人不仅自己不发声,还会将想要发声的人孤立起来,甚至使他们陷入认知上的错觉,减小他人发声的可能性,从而让坏人更加肆无忌惮。

幸而,我们感到的只是"悔恨",因为沉默总有一天会被打破。然而,在沉默被打破之前,有多少人成为沉默的祭品,我们无从得知,而如果我们不去改变观念、打破现状,等待着我们的,就是由无数个"沉默山谷"所组成的无尽轮回。

(王哲萌)

> 哎，不管是在几维的空间中，人类的愚昧真是一成不变，这愚昧迫害了多少人啊！……我们都被所处的维度束缚，成了偏见的奴隶。……就像一位空间国的诗人曾说的那样："人类的天性有一个共同的倾向"。
>
> ——埃德温·艾勃特《平面国》

[解读]

在这部作品中，作者想象出了四维、二维甚至一维的世界，通过为不同维度的世界赋予宇宙规则，作者对人类社会中的阶级分化、性别歧视等问题进行了隐喻，让人在惊叹于作者想象力的同时被书中贯穿的逻辑说服。

全书暗含的一个主题便是对人类自负的天性和固守传统的

愚昧倾向的反思。作为三维空间的人类，我们很难理解四维甚至高维空间的一切；以此类推，一维、二维空间的点、线段和多边形们也很难理解三维空间的立体感。在平面国中，为了防止社会秩序的混乱，一切有关高维空间言论的发出者都被强制机关当作异端抓捕和消灭；在直线国中，身为线段的国王以为自己是世界的中心，对探访者的发言嗤之以鼻。他们因为保守而拒绝一切有悖于自己信仰的世界秩序的信息，因为傲慢而不屑于对和自己意见不同的言论进行考证，因而，他们总是按照既有的规定运行着，没有发展，也没有进步。

当我们为这些想象中的形象进行愚昧却不自知的发言而感到可笑时，我们也需要反思自身在违背既有观念的新事物面前不可避免的保守和傲慢，正如文中"空间国的诗人"莎士比亚所讲，这是"人类天性的共同倾向"，也正如刘慈欣在《三体》中所言："弱小和无知不是生存的障碍，傲慢才是。"

（沈昕）

"野兽"挣扎着向前,冲破了包围圈,从笔直的岩石边缘摔倒在下面靠近海水的沙滩上。人群立刻跟着它蜂拥而下,他们从岩石上涌下去,跳到"野兽"身上,叫着、打着、咬着、撕着。没有话语,也没有动作,只有牙齿和爪子在撕扯。

——威廉·戈尔丁《蝇王》

【解读】

这是《蝇王》整本书中最令我恐惧和心痛的片段。因打猎而激动又为暴风雨而恐惧的孩子们聚集在一起后,完全失去了理智,将自己的同伴活活打死。这个过程"没有话语",缺少文明;"没有动作",丧失人性;"只有牙齿和爪子",唯余野蛮。

导致惨剧的因素,至少有三个。首先,是打猎的成功。原本畏惧的东西被自己掌控、杀死,孩子们从中感受到自我力量的强大,获得自信,甚至是自满。他们围着火堆跳舞,喊叫着血腥的歌谣,树立一种图腾般的意识,通过被整个大群体的接受而将野蛮的行为赋予了合理性。这是野性爆发的基础;其次是暴雨。电闪雷鸣的外界环境让孩子出于力量悬殊的对比感到恐惧、慌乱,重新打击他们刚刚建立起来的自信和底气,使其患得患失,加剧怀疑和不安,从而深化对更强大的力量的向往。这是野性产生的基础。最重要的也是最后一点:群体的一致。身处群体之中的人们,行为往往可以不加思考,这样既不用消耗精力,也不用在事发之后为错误或惨剧承担责任。群体,是个体的避风港,既能逃离恐慌,重新获得力量感与掌控感,又能逃离责任,获得胡作非为的借口。

由文明向野蛮的倒退,就是这样发生的。那是单纯地对肉体和物质力量的追求,以及获得可以逃避理性思考的护盾的结果。而这些因素,其实每时每刻都萦绕在我们身边,甚至根植于人类的本性之中。所以警惕是必要的,正如本书的推荐中写的那样:这是一本当人类忘乎所以时,需要一读再读的惊世名著。

(焦思涵)

恶是容易看见的，它会殷勤地出现在每一双眼睛前。一点恶就足以让你对牺牲、对流淌的鲜血和泪水视而不见。

——伊莱娜·内米洛夫斯基《法兰西组曲》

[解读]

这世界上既有"恶"也有"善"，姑且不论是"恶"更多还是"善"更多，但人们往往会最先注意到"恶"。相较于大方地承认、夸赞别人的善行，人们总是倾向于挖掘他人的恶，然后发表言论，痛哭流涕地痛斥这社会的黑暗与沦丧，在得出"人性本恶"这一流俗的"结论"的同时，又有一种窥探他人本性的隐秘快感。并非这世界上坏事就比好事多，也并非"恶"的影响力远比"善"大，是人的主观性驱使着他们只注意到"恶"忽略了"善"，表现出来就好像"恶"频繁地出现在眼前一样。

人性是复杂的，善恶有时也难以辨别。在莫泊桑的《蛮子大妈》中,法国农村大妈可以像对待亲儿子一样照顾普鲁士士兵,也可以在得知儿子死亡的真相后烧死这些敬爱她的年轻人。我们从主观上能理解一位母亲的丧子之痛,知道这场悲剧根源于战争的非人道实质,却无法否定这也是"恶"的行径。

客观地评价善恶,不应该简单地给一个人、一件事贴上"善"与"恶"的标签。不珍惜他人用牺牲、流血与泪水换回的美好,对奉献牺牲视而不见也是一种恶。

(陈怡皓)

第26周
周五

许多人的随便的哄笑，是一支白粉笔，它能够将粉涂在对手的鼻上，使他的话好像小丑的打诨。

——鲁迅《"连环图画"辩护》

【解读】

在面对某些事物和观点时，一旦外界环境中那些对它贬低和嘲讽的态度多了起来，即使那些事物没有过错、那些观点客观公正，它们大多都会因为外界的嘲弄而成为社会主流所认可的荒唐之物。

哥白尼和布鲁诺有关天体科学的见解，在那个认为地球为宇宙中心的天主教掌权的社会中，成为人们嘲讽的疯话，受到了教会的威胁，被社会主流意识排斥，现在看来的科学真理，在混乱黑暗的中世纪，变成了跳梁小丑的疯话。《蝇王》里西蒙在敏锐地提出了肮脏的东西就是人类本身邪恶的观点时，明明最接近真相的他，却被孩子们轰了下去，最终被杀害。

　　愚钝的人们自以为是地嘲弄着那些和自己观点不一样的人，但真正缺乏理智的小丑恰恰就是那些嘲讽者自己，而那些被抹上白粉笔的人，当中不乏黑暗中的觉醒者、铁屋子里清醒过来的人，却被黑暗的社会恶意抹黑，成为一个又一个"夏瑜"。在当今的信息社会中，大数据的精准推送和自媒体为博眼球罔顾真相的文章，让网络上的人们陷在"信息茧房"中，失去了独立思考的能力，跟随网络上其他的"哄笑者"们一起嘲笑着他人，把许多正常的言论恶意解读成了别有用心的话语，颠倒是非，使无数无辜的人受到网络暴力的侵害。

　　由此可见，我们应当避免成为随大流的缺乏自我判断的人，而是应当在所谓的"主流观点"中保持自己的看法和立场，不会因为所有人的批评而去批评别人，也不会因为所有人的喜欢而去赶潮流似的喜欢某些东西。人人都去理性地思考和生活，互相尊重彼此的言论，保持个人的清醒的认识，驱散思想上的蒙昧。

（崔艺馨）

没有一滴雨会认为自己造成了洪灾。

——西方谚语

【解读】

洪灾由无数滴雨水酿成，破坏力极大，却也因为"当事人"众多，每滴雨水都不觉得是自己的错。当一场暴力形成时，施暴者固然可恨，旁观者的冷漠更是推波助澜，助长了施暴者的气焰，也将受害者推入绝望的深渊。明明每个人都脱不了干系，却没有人站出来承认错误，甚至意识不到自己有错，深陷其中而不自觉。这是个人的悲哀，更是群体的悲哀。

（连悦怡）

悲剧,是一个高姿态的个体,被所在的群体驱逐。

——基斯·约翰斯通《即兴》

【解读】

"高姿态",即为心气高、在思想水平等方面占据上风地位。高姿态的个体往往能力超群、认知有过人之处,自然有超然的追求和严格的自我坚守。当高姿态的个体不被他所在的群体所承认,甚至被驱逐,便形成了自信、自重的自我认知与外部环境的轻视、贬低等消极评价之间的巨大落差。从客观角度来看,这常常造成怀才不遇、黄钟毁弃的黑暗现实情状,不符合朴素道德标准的事实构成了悲剧的主题事件;从情感体验的角度来分析,高姿态的个体面临来自所在群体的共同性敌意,被群起而逐之,自身所珍视、执着和骄傲的特质不被认可,势必产生离群索居的孤独失意与壮志难酬的无力愤懑之感,这又承载了悲剧的情感内核。

个体的生存与精神世界的充实皆依赖于群体，而高度自我认同、自洽的个体却不愿，也本无须为融入群体而作过度的改变与牺牲，难以处理内外部关系的矛盾升级了个体的痛苦。群体所追求和相信的很多情况下不是真相和理性，而是盲从、残忍、偏执和狂热，而个体的能力相对于群体又是渺小的，因此，如屈原般披发行吟泽畔，"举世皆浊而我独清"的悲剧极易发生，这警示着群体中的每一个个体应当审慎对待。

（田艺）

人与自我

# 生命的价值

"我们都会死,因此我们都是幸运儿。绝大多数人永不会死,因为他们从未出生。那些本有可能取代我的位置但事实上从未见过天日的人,数量多过阿拉伯的沙粒。那些从未出生的魂灵中,定然有超越济慈的诗人、比牛顿更卓越的科学家。……你和我,尽管如此平凡,但仍从这概率低得令人眩晕的命运利齿下逃脱,来到世间。"用理查德·道金斯《解析彩虹》中的这段文字,来描写"生命的奇迹",简直再恰当不过了。

生命的诞生是如此神奇而难得,从"存在"的角度,每个人都有义务赋予生命以价值和意义。生命的起点和终点都很残酷:一个人来到世间,没人征求过你的意见;离开这世间,又不得不走。在这两个残酷的端点之间,就是我们可以作为的时空,其间又充满着诸多的未知和意外。其实,生命越是短促、唯一、不可逆,就越值得我们每个人珍惜,在有限的时空,燃烧自己,把瞬间定格成永恒。但生命本身不是急促赶路,价值还在于其过程,在于路边的风景,我们要用心编织每一个日子,屏蔽那些不必要的外部评价,在自我体认中品咂生命的况味,这样才无愧于生命,才不枉世上走一遭。

第27周
周三

> 我很重要。我们每一个人都应该有勇气这样说。我们的地位可能很卑微,我们的身份可能很渺小,但这丝毫不意味着我们不重要。重要,并不是伟大的同义词,它是心灵对生命的允诺。
>
> ——毕淑敏《我很重要》

【解读】

与社会相比,个人的作用十分渺小;与宇宙相比,个人的存在也微不足道,但是这并不代表我们是没有价值的。每一个生命都是平等的,每一个生命的存在也都有它存在的理由。虽然每个人在社会上发挥的作用大小不同,扮演的角色各异,但也因为如此,才有各色各样的个体组成了繁杂而庞大的社会。只要我们在自己的能力范围内充分做好自己的工作,坚守自己的本分,保持热情努力生活,就是在践行对自己生命的尊重,就是在发挥自我价值——如此,我们就可以说,自己是重要的。自我价值的评判标准并不是一个人作用的大小,而是一个人是否无愧于自己的内心,是否完成了自己的使命,是否拼尽全力好好生活。无论我们所做的事情是否"伟大",我们都应该无愧于自己,无愧于他人,无比重要地生活着。

(王婧岚)

看啊,这只酒杯已经盛满了金子般璀璨的美酒,那一滴滴因为饱满而流溢的酒水,就会化作幸福的日光,不断地向着远方播洒。

做一只空杯,是这只杯子最热切的希望,查拉图斯特拉,也想重新入世,成为那凡俗中的一员。

——尼采《查拉图斯特拉如是说》

【解读】

杯子中装满了黄金般的酒,这是自我的丰盈;美酒倾倒远方,是在播撒奉献。前者增加生命的强度,后者超越自身,化个人智慧为人类共同的财富,提升生命的高度,是奉献让生命的价值延伸,实现了自我的完成。对于奉献,尼采的态度是"热切"的,他把对人世的爱作为奉献的原动力,去除了功利的考量。

空杯的"空",是满杯过后的"空",与一无所知的原初状态不同。查拉图斯特拉选择下山将超人的智慧馈赠人间,这并不是选择平庸,只有足够的底气与信念才能唤起一颗出世后再次入世的心灵。

出世是一场心灵的自我复归,人们因此返璞归真,重新定位,思考生命的运转方式,然后新的智慧得以产生。个人的独立性在这一过程中有所增强,责任也有所增加,真正富有智慧而心怀大爱的人往往会做出更利于集体生存的决定。人们常常认为出世和入世是对立的,其实,出世的超脱与洞明连接着入世的责任意识与社会关怀。

(刘卉馨)

第27周
周五

我问崇高的太阳,
怎样比霞光更亮。
太阳没有回答,
可我的心却听到:"燃烧!"

——巴尔蒙特《生活的遗教》

[解读]

在人生的旅途中,"闪光"是指个人价值的实现。"闪光"的方式有很多种,可以如萤火虫般在黑暗的夜空中小心翼翼地发光,也可以如太阳般燃烧自我,以追求更璀璨、更绚烂的光辉。诗人崇敬的便是后者,通过不断对自我的生命潜力进行发掘,追求更高层次的自我价值的实现。

"燃烧"自我是勇敢的,也是珍贵的。如今生产力发展,物质条件优越,有的人即使不够努力、得过且过也能保全生命甚至拥有体面的生活。人们越来越"珍惜"自我,警惕着过度使用自己,缺少了为某个目标而不顾一切地挖掘自身所有能量的勇气和冲劲。在这样的社会现实下,愿意付出身体上的损耗与精神上的劳累,为内心的理想而奋斗的人更加难得。正因如此,"燃烧者"才能获得精神上全力投入所带来的满足感,真正做到"但问耕耘,莫问收获"。

(李嘉萌)

> 大风可以吹起一张白纸,却无法吹走一只蝴蝶,因为生命的力量在于不顺从。
>
> ——冯骥才

【解读】

白纸与蝴蝶,同样单薄而轻盈。风可以轻易吹动白纸,是因为白纸空泛而空洞,缺乏定力与坚持自我的决心;风无法吹走一只渺小的蝴蝶,是因为蝴蝶的内在生命使它有所持守,独立而不依附,不会轻易受外在事物的摆布。

"不顺从",并非单纯的叛逆,而是生命个体在面对外力作用时,在明确自我底线的基础上,加以辩证思考的择取:若是公正之风、大道之风,我们大可借力而起,扶摇直上九万里;若是腐朽之风、强权之风或险恶之风,我们则需要奋起而抗争之。不顺从的力量源于对生命的渴望、对理想的追求。真正独立的生命应在狂风中坚定自我而不随波逐流,因为"我心有主",故任尔东西南北风而屹立不倒。心中若无所持守,即使体积庞大也只会如白纸一样四处飘零,心中若有所追求,即使渺小单薄也能如蝴蝶一样抵挡险阻,迎来雨后彩虹。

(闫若婷)

在万古之前,所有的物质都聚合成一大块,质量极其紧密,因此即使是小如针头般的一块,也可以重达好几十亿吨。在这样大的重力作用下,这个"原始原子"爆炸了,就好像某个东西解体一样。所以说当我们仰望星空的时候,我们其实是在找寻回到自我的路……我们是几十亿年前熊熊燃烧的宇宙大火爆出来的一点火花,是星空的孩子,是伟大自然中的小小一员。

——乔斯坦·贾德《苏菲的世界》

【解读】

物质世界是永恒的、绝对的。生命是物质元素分化组合的产物,每个人都是无数年前"原始原子"爆炸后分裂成的物质重新组合而成的。这些物质继续分裂、重组,构成人的死亡与诞生,人成为不断繁衍、更新自我的物种。

生命的本质是相同的。生命由物质构成,并将物质作为精神的载体,将意识寓于物质的身体中。意识有生有灭,而承载意识的物质永恒不灭,于是永续传递的物质延续了人的精神。"苏格拉底和孔子是人类的两张面具,面具之下是同一张人类理性的面孔",哲人是人类理性精神的传承者,其精神滋养着平凡的人,人们把他们的精神化作自我的一部分,并在发展中将之传递给后世之人。人们是先人的"结果",亦是后人的"开始",故而人人皆是物质世界里平等的组成部分,人们承担着相同的使命,即延续和发展人类文明。

然而,任何生命也因此具有不可替代的价值。物质分化组合的方式如雪花般不可复制,物质元素所承载的信息也彼此不同,因此以不同方式组合而成的生命是独特的。生命的共通性意味着每一个人都有感知生命、传递温暖、创造价值的能力和责任,而其独特性意味着人们拥有以独特方式创造自我生命的自由。有些生命拥有广阔坦荡、无忧无虑的前路,有些则满是曲折跌宕与彷徨迷离,我们被物质世界所赋予的条件不可改变,但我们有能力认真勇敢地对待生活,更有希望在不同道路的尽头看到同样的光亮。故而在每一个个体奋起迎接生命历程中的挑战、以不忧不惧之态稳步前行的时候,生命之花会逐渐盛放。

我们仰望的星空,既是广阔的宇宙,也是人类历史上的漫漫长河。在浩渺的世界里,我们看到了个体的共性与个性。找寻回到自我的路,是对个体责任感的明晰和对自我价值的认同。

(申若昀)

过去的生命已经死亡,我对于这死亡有大欢喜,因为我借此知道它曾经存活。死亡的生命已经朽腐,我对于这朽腐有大欢喜,因为我借此知道它还非空虚。

——鲁迅《〈野草〉题辞》

[解读]

《野草》是鲁迅百感交集的心灵写照。军阀割据的混乱、理想前途的曲折、亲情手足的失和与精神家园的分裂是这段文字的原生土壤。在这样的时代语境下理解这句话的内涵,可见鲁迅用充满张力的笔触抒发苦闷,在彷徨与探索中酝酿着对过往意义的辩证思考。

从存在与形式的角度来看,过去的生命中蕴含着丰富的经历,作者对此有些许庆幸,有更多的遗憾;有些许通透,有更多的困惑；有些许成就，有更多的落寞。每一片暗夜都为变成明天而奔波，过去的痕迹也为成就当下而消亡。作者所言的"欢喜"并非源于过去与当下之间割裂的快感，而是以更新迭代的方式证明其存在的价值，正因为它曾经的存在而促使新生力量以取而代之的方式涌现出来，过去的一切事物，往往牺牲了形式上的完整，却终究不可否认其内涵在新载体内的部分存续。

从内涵及意义的角度来看，生命在形式上的"死亡"后，随着时间的推移而腐朽幻灭，这与先前所言的"存续"之间并不矛盾，因为有价值的内涵已经辩证地予以保留。过去的生命腐朽入土而化作新生力量生长的养料，以此证明其内涵的价值并非空虚。

当我们换一种视角坐观腐朽时，其中不仅蕴含着对腐朽的辩证思考，更体现了我们能够正视过往而憧憬未来的信心。

（刘伊濛）

这里就是生命,一个试验。它的极大部分我都没有体验过;老年人体验过了,但却与我无用。

……

我们多么谨慎!决心不依照信仰而生活,我们尽可能避免它,从早到晚警戒着,到夜晚违心地祈祷着,然后把自己交托给未定的运数。

——亨利·大卫·梭罗《瓦尔登湖》

[解读]

把生命称作一个"试验",因为生命承载着无限的可能性,需要大胆设想,敢于实践。即使前人已经走出了很多的路,甚至开辟出了许多看似平坦的大道,却都不一定与"我"无用,我们掌握着生活的主动权,能够听从心灵的指令,探索灵魂的更高纬度。

然而,人们往往被"信仰"束缚:要评估成功的可能性,依赖着前人的经验;要选择自己的生活,听从世界的声音。物欲和名利的"外部评价",成为衡量成功的尺度,永无止境的追求让人们焦虑、忙碌而空虚……正如梭罗所说:"人类在过着静静的绝望的生活。"在机械的工作和无尽的鞭策中,我们是否停下来等等自己的灵魂,思考过生命的本质呢?

我们的命运不是被陈旧的话语安排的,而是在心灵的启示下展开的。全心全意地去热爱某种事物,摩挲它质朴的纹理,体味其中的甜美与快乐,赋予生活以崭新的意义。

梭罗从工业化的城市走向城边的瓦尔登湖,建起木屋,他全心全意地爱着那片土地,有所发现,也有所体悟。我们对待生活时,也应听从内心,创造生命的多彩四季。即使物质至简,但我们灵魂丰盈。

(刘卉馨)

你要看过程,从复杂的过程看生命艰巨的处境,以享隆重与壮美。

其实人间的事,更多的都是可以删简但不容删简的。

——史铁生《复杂的必要》

【解读】

生命如果不看过程,那么最终的结局无非是死亡,是消散后归于虚无,但生命的意义不应该因为死亡而同样归于虚无。一个人在世界上的痕迹虽然消失了,但他依然会活在认识他的人心中;即使经历所谓的"最后一次死亡",被世界上所有的人遗忘后,也不能认为人的生命没有意义,因为人生的精彩存在于曾经的生命之中。一个人的人生"可以删简",譬如一份档案,寥寥数语就可以简单扼要地概括一个人的一生;但"人间的事更多的是不容删简的",一个鲜活的人曾经向往怎样的生活,喜欢读什么书,有过怎样的欢笑与痛苦……这些都是不容删简的,这也正是人生的壮美与绚丽之处。

(冯羽墨)

第29周
周一

　　时代的改变，使我们检证出许多事物的珍贵或卑贱、美好或丑陋，只是心的觉受而已，它并没有一个固定的面目，心如果不流转，事物的流转并不会使我们失去生命价值的思考，而心如果浮动，时代一变，价值观就变了。

——林清玄《来自心海的消息》

【解读】

　　对于大多数人而言，同样的事物，其价值会随着时代的发展而变化。然而，事物本身其实并未发生改变，只是人们衡量它的标准和心境不同了。这是因为人们对于事物的主观感受是不稳定的，他们的心随时代而浮动，时代在改变，价值观也会改变。

　　在面对真假参半的事物时，只有做到"心不流转"的人，即保持内心的坚毅稳定的人,才能从始至终参透事物价值的真谛,透过各色外表洞悉本质,保持对"生命价值的思考"。在时间的洪流中,经过岁月的冲洗,我们可以检验出事物的珍贵与卑贱、美好与丑陋。一切华而不实的、虚浮的伪装都会渐渐被卸去,呈现出事物本真的一面。事物的面目并不固定,但它的本质是一致的,只是在不同的时代裹上不同的包装。"心不浮动"的人则不受华丽包装的干扰,始终如一地践行他们认为有价值的事。他们不会随波逐流地被时代的洪流所裹胁,而是形成自己的价值观。

(王婧岚)

第29周
周二

每个人的生命都是通向自我的征途,是对一条道路的尝试,是一条小径的悄然召唤。……觉醒的人只有一项义务:找到自我,固守自我,沿着自己的路向前走,在心中坚守其一生,全心全意,永不停息。

——赫尔曼·黑塞《德米安:彷徨少年时》

【解读】

在黑塞的思想体系中,人的觉醒在于找到自我,基于对自我的认识作出判断,作出选择。通向自我的征途往往是一边寻找又一边丢失,丢失的自我可能是需要再度找回的余缺,也可能是自我更新的契机。我们正是在这个不停寻找的过程中,不断坚定走出人生的自信道路。因此"固守"便是在固执己见和随波逐流两种错误极端中"得中而处之"的态度。

"人生本没有意义,而是主体的人不断赋予其意义",庸人以逃避自我发现的方式,尽力走那条轻松但蒙昧的道路,但是心怀理想的人却愿意在寻找固守自我中,历尽艰辛但却可以"守得云开见月明"。

寻找和固守自我有时需要一个引导者,它不一定是人,也可以是一个关键事件,也可以是一本具有启发意义的书。这并不意味着长久的陪伴,而是在原本光明的人性接触黑暗时、在精神上出现对自我的叛逆时予以引导。接下来继续寻找自我的道路还是要由个体独立走完,尽力全面地认识自我,不对那个潜在的黑暗面逃避畏惧,方能树立起自我前行的方向。

(刘伊濛)

# 生存与死亡

大卫·伊格曼在《生命的清单》中，描述了一个人在生物学、社会学、宇宙视角上的三次"死亡"，读后令人黯然，但"未知生，焉知死"，首先应把"生"搞明白，珍惜当下，把要做的事情做好，有了这些，才有资格探讨或面对死亡。"一个人，出生了，这就不再是一个可以辩论的问题，而只是上帝交给他的一个事实；上帝在交给我们这件事实的时候，已经顺便保证了它的结果，所以死是一件不必急于求成的事，死是一个必然会降临的节日。"史铁生把生死描述得这样通透，但大多数人是恐惧死亡的，尤其在东方文化中，死亡常常是人们刻意避讳的，但这种态度本身就是一种力量，因为有死亡的存在，人们才倍加珍惜生存的机会。死亡又是公平的，王侯将相、布衣百姓，都会面对死亡，即使炼丹求仙也无法改变死亡的进程。大家需要做的，就是赋予生命的每一天以意义和情趣。孔子说的"死生亦大矣"，因《兰亭集序》的引用而为后人所周知，但其原话后面还有"虽天地覆坠，亦将不与之遗""审乎无假而不与物迁，命物之化而守其宗也"，道出了超越生死的坚定与持守。

> 我们其中一些人有足够时间认识死亡,他们得以活得更努力、更执着、更壮烈。
>
> ——弗雷德里克·巴克曼《一个叫欧维的男人决定去死》

**[解读]**

人们对死亡的"足够"认识,有时是源于他们与死神擦肩而过后的蓦然回首。但巴克曼在这里指的是对他人死亡的见证,通过这一更痛苦的"失去"的过程,人们可能更加明白生存的不易,因此更加努力去保全生命。他们可能急切地希望在有限的生命里抓住更多且更有意义的东西,以提升自己的生命价值。他们可能从中认识到生的短暂,因此执着于自己真正的所求所想,来提升自己的生命体验。他们真正了解生命存在的意义,也因此愿意为自己和他人生命的存续作出奉献。

其中最典型的例子是医疗行业的从业者们。他们见证了无数生命突然终止或逐渐消亡的过程,理解了生命的无常。因此,他们在努力过好自己的人生的同时,也更深刻地理解了"医生"这个行业的内涵,坚定了成为医生的信念。他们愿成为烛火,照亮更多的生命。

(李嘉萌)

第29周 周四

人类对死亡的恐惧是与生俱来的，也正是对死亡存有恐惧才使得人类得以长足发展，但恐惧应该是活着的警示，而不是枷锁。

——陶勇《目光》

【解读】

这里的恐惧是针对死亡而言。我们活着不能醉生梦死，枉度人生。在死亡面前表露恐惧是人之常情，但正因为有了恐惧的存在，人更应该在有限的生命里让自己的人生变得更加丰满。那些推动人类科学发展的重大成果，其诞生常常要感谢死亡的作用。死亡带来的恐惧感推动着人类不断发展科技，完善自我，冲破旧技术、旧观念的束缚，以此延续生命并获得更好的生命体验。但若一味停留在担忧之中，被恐惧的情绪所围困，那便是虚度光阴，浪费年华了。因此，恐惧是一种动力，其所带来的对于生活和时间流逝的紧迫感能不断推动人类前行。

（程钰舒）

第29周
周五

死亡不是失去生命,而是走出了时间。

——余华《在细雨中呼喊》

【解读】

对我们人类而言,人只有活着的时候才能体验到时间的存在,在死亡后便失去了对时间的认知。人死亡之后,主体的时间停止了,但这并不意味着我们失去了一切。和我们有关系的人还活着,还在惦念着自己,使得我们的生命以另一种形式存在。原先属于我们的身体和灵魂消亡了,但构成我们的原子仍然以其他方式存在着,成为天上的云,成为地下的土,合成一朵花,构成一段木。当然,在我们诞生之前,这些物质也许本来就是天上的云、地下的土,这是人类与自然相互融合的结果。我们从自然中产生,又回归自然,"活着"只是生命存在的一种方式和形态,世间仍有千千万万种其他的物质形态,会延续所谓的"生命"。

死亡对于人类而言,并非绝对的灭亡,只是我们走出了时间,不能再以人的主体去感受时间的流逝。生命是动态性和静态性的统一,以相对的稳定和永恒的变化为载体,所以死亡只是暂停了我们人生的计时器,将肉体的物质转换为他物继续存在着,继续衍生出新的生命。

(王婧岚)

"你的醒来,使我欢喜。我正在想着走出冰谷的方法;我愿意携带你去,使你永不冰结,永得燃烧。"

"唉唉!那么,我将烧完!"

"你的烧完,使我惋惜。我便将你留下,仍在这里罢。"

"唉唉!那么,我将冻灭了!"

"那么,怎么办呢?"

"但你自己,又怎么办呢?"他反而问。

"我说过了:我要出这冰谷……"

"那我就不如烧完!"

——鲁迅《野草·死火》

【解读】

"梦想者鲁迅"与"死火"的对话,体现着两种生存哲学以及鲁迅个人的生命抉择。

面对"我"的提议,死火的选择有二,一是随"我"飞出冰谷、尽力燃烧直至只剩灰烬,二是永远留在这一片青白死色的冰谷直到被冻灭。显然,不论是"燃烧"还是"留下",死火都必将走向终结、走向死亡,总之,死亡是不可辩驳的事实。那么,是积极地有所作为、去"燃烧",还是消极被动地等待死亡的到来?死火的选择是,"那我就不如烧完!"这也是鲁迅的抉择。

从上帝视角来看,生命的周期其实并无太大差异,都是由生而走向死,始末可说大致相同。人的一生,生存时间既然大致相同,看的便是行走里程的长短。作为一团火,在有限的生命内,你是飞向宇宙化作壮美的彗星,带给世人以热量、光明和希望,还是冰冻在冰谷里,让世界与你永远地冰冷下去?在我看来,"烧完"相比"冻灭"更有生命的悲壮美感,拥抱了步入坟墓的必然性,看清了生活的真相之后,反而更加珍重生命。仰望星空,绽放生命,因此更有价值。

(李楚若)

第30周
周二

然而红死病对所有的都一视同仁。

——爱伦·坡《红死魔的面具》

【解读】

《红死魔的面具》是美国作家爱伦·坡创作的短篇小说,讲述了在红死病肆虐期间,普洛斯佩罗亲王在封闭的城堡中举行假面派对的故事。故事的基调阴森恐怖,却指向道德的真实。爱伦·坡选择源自于鲜血的红死病作为死神的象征,是想要告诉读者,死亡并非是来自外界的某种威胁,而是我们生命的一部分,不可躲避,更不可漠视。

(孔令洁)

# 物质与精神

人,凭借物质来生存,依靠精神来生活。人人都向往物质丰裕、精神充实的幸福生活,但在很多实际情况中难以两全,或精神空虚地臣服于物质金钱,或箪食瓢饮,不改其乐。如果必须不幸地二选一,既然生而为人,宁可物质困顿些,也不能人间失格。爱因斯坦在《我的世界观》一文中,把以安逸和快乐为终极的人生追求称为"猪栏的理想",这样的人生即使再富足、再安逸,也只是低层次生存方式的持续重复,缺乏高蹈的追求与丰富的体验。值得注意的是,在快节奏的现代生活中,闲暇是滋养精神的沃土,现在的人们"跑"得太快了,需要时常等一等自己的灵魂,为自己布置一间精神小屋,安放疲惫焦虑的心灵。

> 我们花在肉体的食粮或者肉体的病患上的钱,要比花在精神食粮上的钱多得多。
>
> ——亨利·大卫·梭罗《瓦尔登湖》

【解读】

从柏拉图时代起,肉体与灵魂、物质与精神的关系就成为哲学讨论的重要议题。通俗地说,物质生活是精神生活的基础,只有满足了基本的生存需求,才能有更高的精神追求。但精神追求是否是物质满足的必然结果有待商榷。从历史上看,无论是小富即安的商人,还是"殷忧而道著,功成而德衰"的君王,抑或《双城记》开篇语中提到的那个时代,都是物质之丰沛带来精神之贫瘠的例子。物质的满足很容易织就大功告成的假象,消磨人与时代继续向上的精神力量。

从柏拉图到梭罗,无不强调精神的价值。他们不排斥肉体的享受,但认为肉体要为灵魂服务。如果为人生赋予意义,那么精神是比物质更有价值的。一个人生命中的富贵与享受在他死后归于尘土,但他的美德、思想则可以传承并影响后世,从而实现相对的永恒。相对于物质的满足,精神是实现人生价值更好的途径。

同时,以伊壁鸠鲁的观点来看,人生的目的在于快乐,那么固然肉体和灵魂都可以带来快乐,但精神充实的快乐却是物欲的满足所无法比拟的。拥有并实现理想的成就感和满足感要远超拥有一所大房子。所以强调快乐的伊壁鸠鲁派哲学最终同样指向了美德与节制,精神的满足会带来更高的人生质量和生命体验。

今天,物质生活的满足相较于梭罗的时代又有所不同。社会的进步是加速运动,人类社会的发展会越来越快。在物质生活日益充裕的今天,精神世界的构建就显得越来越宝贵,因此,今天的人们更应该重视精神的富足。

(黄雨辰)

第30周
周四

人,有了物质才能生存;有了精神,那才是生活。

——雨果《悲惨世界》

【解读】

没有物质,人就无法生存,生存是人最基本的需求。在马斯洛需求层次理论中,生存需要是一种基础需求。这里的基础需求并不是贬义,是指需求的简单性,这种简单的需要是人最重要也最有力量的需要,而这种需要的本源建立在物质之上。物质直接关乎个体生存,人需要从物质中获取能量来维持身体的正常运转,需要借助物质建立一个安全的场所来保护自己,需要通过物质实现人与人之间的交流。可以说,人是建立在物质之上的,人的一切生存都离不开物质。

满足了物质上的需求,人就需要精神上的追求来满足自己的生活需要,为自己的生活增添色彩。生活需要指的是在生存需要的基础上，人需要归属感、尊重与自我实现，甚至自我超越。这些需要是一种高级的需要，它不是维持生命所必需的，却让人健康，精力旺盛。一个人在精神上是富有的，他的内心就是愉悦的，就会变得精力充沛。正如《人人皆可为国王》一文中所说，人需要成就感、自由度和追随者来成为精神世界上的国王。一个人有精神上的追求，能够满足自己的生长需求，在精神世界里不断丰富自己，以积极的心态面对生活，生活才会变得有意义，生活才谈得上是生活。

（皮磊）

> 君子宁为维护尊严而死,不为苟且偷生而寡廉鲜耻。
>
> ——瓦鲁瓦尔

【解读】

人类的文明绝不局限于生存和延续,而是每一个独立的个体都希望有尊严地生活。"生活"之所以有别于"生存",就在于人类总是怀有希望,总是向往光明,总是不甘于苟且,更不屑于寡廉鲜耻。即使环境艰难,我们所渴求的幸福也从来不仅仅包括物质的丰裕,做出的选择也从来不仅仅考量现实功利;我们的生活不等同于为个体和后代生命生存而活,人区别于动物之处就在于人类崇尚文明和珍视尊严。在时代的苍穹之下,我们或许平凡如砂砾,甚至有时不得不向现实低头,但这绝不是放弃为更好的世界而努力的理由。不论现实几多磋磨,请永远记得:生活的苟且绝非生命的全部。

(冯羽墨)

第31周
周一

读者：如何才能保持想象力，不让大脑僵化？

刘慈欣：首先你得找个既有钱又过得清闲的工作。你要是每个月都从银行拿利息，在家无所事事，想象力肯定会丰富起来。成天为生计奔忙的人想象力是不会丰富的。

【解读】

如果问到如何保留想象力，大多数人的回答大概率会是类似于要走出舒适区，勇于尝试，不忘初心等。这些道理是空有道理而无实际具体指导的"说教"行为，是可能会让人心生厌烦而无所收获的。

但开创了中国科幻小说新纪元的大刘，却不是这么回答的。他作为一个浪漫程度和想象力都超乎常人的优秀科幻作家，出人意料的真诚和现实，这其实并不割裂。在大刘的作品中，除了瑰丽奇幻的宇宙描绘之外,最突出的特点之一就是他对包括人性在内的许多事物的真实刻画。立足现实,是他的诗与远方的基础。物质条件对生活的重要性,是无需强调的事实。古希腊著名的哲学家们,几乎都是贵族子弟;鲁迅说"梦是好的;否则,钱是要紧的"。但人们出于各种各样的理由,总不愿直面这一现实,而大刘却以少见的犀利,把深埋在人们心底的现实一把拎了出来。

其实对任何一个有着艺术梦想的人来说,这句话第一眼看起来,无疑是一个巨大的打击。"既有钱又过得清闲的工作",听起来比梦想本身更加梦幻!可细想一下,似乎又感到一丝温柔的安慰。从小人们所接受的价值教育,就告诉我们物质追求是普通的,不慕名利才是真正高尚的精神,似乎只要付出了足够多的努力,就可以达到好的结果。这确实是很高贵的精神,可这高贵也会让人们在步入社会,面对现实,看到残酷真相后,不免遭受到巨大的打击,精神萎靡,回过头来痛斥世界。其实,世界的维度从始至终都没有什么改变。大刘残忍下的温柔,就在于表达出对梦想家们的宽容和理解。他会告诉你,你的梦想真的很难实现,但这并不是你的错,所以无须为了奔波于现实,无暇顾及初心而感到愧疚,因为那是人类的常态。当然实现梦想是圆满的结果,但毕竟人生不如意事十之八九,现实同样是我们可以接纳的存在。

相反,个人对于物质需求的正当追求,只要不违背道德和法律,其实是生产力爆发的来源。它让你看清自己真正想要的究竟是什么,它将给你搭起一座桥,就算最终没能触及梦想,也能给予你不错的物质生活。大刘在工作单位倒闭之前,从未想过要做全职作家,一切都出于兴趣;在被逼无奈拿起笔杆后,他也精心钻研编辑、读者、市场的喜好,以便让自己的稿费源源不断。大刘最了不起的地方就在于,在钻研市场喜好的同时,还保证了高质量的产出。他的这种人生哲学,也在他的作品中有所演绎,比如冷酷无情,绝对理性的托马斯·维德对程心说,"失去人性,失去很多;失去兽性,失去一切"。这句话有一种令人敬畏的魅力,在看清并扎根现实的基础上,再去追求美,这才是人生理智的做法。

你以为科幻就是做梦吗?它最浪漫的地方,恰恰在于照进现实的那一刻。

(焦思涵)

# 理想与目标

从生命的过程来看,理想的主要价值不在于其能否实现,而在于引导奔赴的过程,在于让当下的每一天过得有意义。理想和目标,可以"以终为始",指引我们前行,这样既能保证走在正确的方向上,又能让人体验过程的充实。值得注意的是,在这一过程中,不要汲汲于目标本身,应保持舒展的姿态自由呼吸,充分体味生活本身的乐趣。即使无法抵达终点,奔赴本身就是一道亮丽的风景,正如夸父,虽未达成逐日的目标,最终"弃其杖,化为邓林",郁郁葱葱,下自成蹊,既证明了自己,又荫庇了后人。

第31周 周二

任何值得为它而死的东西,肯定值得为它而生。

——约瑟夫·海勒《第二十二条军规》

【解读】

　　一件事物的价值是由人的主观判断决定的。生命,是物质追求的出发点,有了生命才能够拥有物质生活。因此,能够和生死价值等同甚至超越它的事物,一定是一种精神的追求。愿意为之抛弃生命,可见这件事物的完成或推进是壮阔的,是珍贵的。但是死亡意味着结束,意味着我们不能再为这件事物作出贡献。作出生死抉择的关键在于何者更有利于实现它,比起选择用死亡来得到这件东西,在有机会的情况下,尽全力保全生命能够创造更多机会。

　　而有时,死亡也是一种懦弱的表现,因为生存需要考虑得更多,比如物质的需求、他人的眼光、被限制的精神理想……选择活着,甚至是忍辱负重地活着,有时更能证明生命的价值。

(李嘉萌)

第31周
周三

　　我希望最终你能成为你想成为的人；我希望你有时能驻足于这个令你感到惊叹的世界，体会你从未有过的感觉；我希望你能见到其他与你观点不同的人们；我希望你能有一个值得自豪的一生……如果现在和你想象的生活不一样，我希望你能有勇气，重新启程。

——电影《返老还童》

[解读]

　　一句美好的祝福，祝愿我们前路坦荡，充满希望。

　　我们每个人都有相信的事物，我们默默坚定着自己的理想，怀揣着对未来的憧憬，所以我祝愿我们都能够成为自己想成为的人，千帆过后意气不改；我们太多次感叹现代社会的快节奏生活带来的压力和内卷的风气,人的精神在过度紧张后难免走向崩溃,所以我希望我们有时能够慢下来欣赏世界的美丽,为自己在这个可爱的世界存在过、努力过而自豪;哲学告诉我们矛盾是事物发展的动力和源泉,分裂我们的并非我们之间的差异,而是我们无法认识、接受和赞美这些差异,所以能够遇见与我们不一样的人,是人生的小幸运;英雄不论出处,成功不被定义,世俗意义上的功名利禄不该局限我们的成长,唯愿我们为自己的人生喝彩,为自己走过的千山万水骄傲。

希望太多,所幸未来的路还很长,每一个希望都有待成为现实。"相信者也理应成为其所信的实现者",如果现在和你所想象的生活不一样,那么,请勇敢地扬帆起航,去追逐自己的太阳吧!

(邓超)

第31周
周四

当我年轻的时候,我的想象力从没有受过限制,我梦想改变这个世界。当我成熟以后,我发现我不能改变这个世界。我将目光缩短了一些,决定只改变我的国家。当我进入暮年以后,我发现我不能够改变我的国家,我最后的愿望仅仅是改变我的家庭。但是,这也不可能。当我躺在床上,行将就木时,我突然意识到:如果一开始我仅仅去改变我自己,然后作为一个榜样,我可能改变我的家庭;在家人的帮助和鼓励下,我可能为国家做一些事情。然后,谁知道呢?我甚至有可能改变这个世界。

——威斯敏斯特墓碑碑文

【解读】

这是坐落于威斯敏斯特教堂地下室的墓碑林中一块墓碑上的碑文。这是一块无名氏墓碑,却成为名扬全球的著名墓碑。要想达到改变世界的远大目标,不仅要使实力与志向相互匹配,更重要的是从自身做起,着手改变自己的思想和处事风格。

(李丹枫)

第31周
周五

我的心告诫我,教我饮那不是榨出后斟在用手举起送至唇边的杯盏中的液汁。在我的心告诫我之前,我的干渴有如灰堆中微弱的火苗,一口溪水或一口榨得的液汁即能将它浇灭。而现在,我把向往当美酒,把追求当饮料,把孤独当佳酿,我现在和将来都不须啜饮,但是,怀着这种不灭的热情,不啻是一种永恒的乐趣。

——纪伯伦《内心的告诫》

〖解读〗

这段话拿生理上的干渴与精神上的干渴作比照,表达作者对不灭的热情与渴望的重视。保持热情和渴望是十分宝贵的,它让人不断追求新的高度,让事业与人生充盈着活力。奥运赛场上,那些不断挑战极限、完善自我的运动员们是引人瞩目的：羽生结弦在获得极高成就后，没有选择功成身退，而是执着地用四年的时光挑战没有人成功完成的高难动作；马龙作为乒坛历史上第一个实现"双圈大满贯"的选手，即使打着封闭也要为国奋战到最后一刻。他们是怎样持续保持对于目标的渴望的？答案其实很明显，羽生对于花样滑冰有一种强烈的热爱，马龙从不满足于一时的成就，始终拥有对更高的目标的渴望。找到自己所热爱的事业，不断突破自我的极限，这就是作者所说的"把向往当美酒，把追求当饮料，把孤独当佳酿"，在人生的旅途中收获奋斗的乐趣，度过充实而有意义的一生。

在我看来，这种持久的渴望有两个重要前提，一是拒绝小富即安的思想，二是超越自我而不是超越别人。后者是前者的重要保障，如果我们和别人比，可能会觉得自己已经足够好了，可以停下来歇歇了，当然也有可能自惭形秽，但对于自己来说，原地踏步就是停滞不前。不可否认，超越别人是我们人生的常见状态，有利于自我的提高，但却难以成为持久的动力。因此，为自己设定目标，在奋斗和学习中找到乐趣，才能走得更久，走得更远。

(洪昕悦)

第32周
周一

实话实说,跑马拉松的过程非常枯燥无味,在无休止的迈步中,关注的可能只有自己怦怦的心跳声和急促的呼吸声,感受最直接的是从膝盖、脚踝各个部位传来的疼痛感。但你心中始终有一个清晰的目标,明确的终点。正是这种对目标的想象让你能忍受过程的无趣,并选择义无反顾的坚持。

——剑挥《笃信坚持的力量》

**[解读]**

对于生活中那些有意义且艰难的事情,我们从来没有得到过成功的保证,那么,是什么让我们在遇到困难的时候攻坚克难,在看不到任何希望的时候忍受枯燥呢?应该是对目标的想象。这种想象提醒着我们，现实和目标之间的落差，让我们在意志消沉时重燃内心的渴望，在对目标的想象中，激发自身的内动力，坚定前行的脚步。如果这个目标明确而具体，那么它的效果会更好，因为它可以成为指导自我奋斗的地图，指引我们规划好成长的路径，有的放矢，循序渐进。

这句话让人想起一个重要的概念：信仰。信仰往往被理解为"强大的精神力量"。不过，"对目标的想象"其实也可以是"信仰"的一种阐释。当我们试图阐释樊锦诗、常书鸿等文物保护者把青春献给敦煌的选择时，或解释扶贫干部在最贫困的地方、边防战士们在最危险的前线坚守的原因时，单纯的"精神力量"是宏大而抽象的，还需要细细研读他们奋斗的征程。真正支持他们这么做的，我想应该是：保存与继承文化瑰宝的目标，让人民群众脱贫致富的渴望，以及维护国家安定与和平的信念。这也意味着，在平凡的人生中做出不凡的事业并非是一件遥不可及的事情，而是基于内在的善良与责任，在对目标的想象中让看似高远的目标变得触手可及。

理想是我们一步一个脚印踩出的坎坷道路。想要把目标变成现实，必须要有步步坚实的行动和持之以恒的努力。在对目的地的想象中前行，本质上还是行路者的坚持，但这一想象本身可以为你增添更多的激情与动力。

（洪昕悦）

第32周
周二

　　当哥伦布发现美洲的时候,他知道他航向何处吗?他的目标只是前进。他自己就是目标,逼着他向前走。

——安德烈·纪德

**[解读]**

　　当哥伦布等一众航海先驱者在茫茫大海上航行之时,其实并不很清楚自己的前途与命运。当他们遭遇狂风骤雨和滔天巨浪时,也会感到彷徨与犹豫,此时支撑他们继续前进的,其实是他们内心最纯粹的追求,即不断前进,超越自己。这种源于内心的驱动力,往往强于外界的刺激与牵引,也更为坚定而又不可动摇。

　　推及我们的人生,未来是未知而不可预计的,充满着不确定性。面对艰难险阻,我们应当抛却一切不必要的包袱,聆听自己内心深处的呼声。我们要把握住这种呼声,并将之转化为力量,克服旅途中的困难。当我们顺风顺水、春风得意之时,也应当坚守本心,不被外界浮华喧扰所惑,矢志前行。虽然前路漫漫,我们有时不知会航向何方,但倘以本心为向导,增强自身的驱动力,相信航至"目的地"的概率也会大一些。

(杨镇宇)

你真正的凯旋,在于你不断地毁坏你的凯旋门。

——阿多尼斯《我的孤独是一座花园》

【解读】

"凯旋门"如同"里程碑",是生命行至一处目的地时留下的记录,它昭示着一段旅程的圆满结束,却不一定是真正的"终点"。人的潜力无限,"凯旋门"是丰碑,却也只是节点标志,它矗立在那里,使人沐浴在已有的辉煌成就之中,渐渐沉沦于此,变得骄傲、自满,乃至失去继续开拓的动力。它于人生是潜力的束缚,于学术领域则正如遮蔽未知的已知,它是舒适圈,是怠惰、停滞的温床。

当一个人将曾经的自己视为挑战对手,拥有超越自己的勇气,敢于毁坏自己的"凯旋门",摒弃已有的名利声望与成就,仍保持一颗富有活力的初心,蓄力前行,向更高更远处探寻时,他将更靠近"真正的凯旋"——战胜安逸,突破局限。人生如同攀爬天梯,可贵的或许不是在追求目标过程中对抗艰难险阻,而是到达目的地后不满足于现状,不"躺平",不"摆烂",在短暂的休整后继续拼搏。

(雷玉佳)

梦想，可以天花乱坠；理想，是我们一步一个脚印踩出来的坎坷道路。

——三毛《亲爱的三毛》

【解读】

"梦想"和"理想"看似是近义词，然而内涵却相差甚远。"梦想"是心中想要实现的一种目标，而"理想"是人们在实践过程中形成的，是对未来社会和自身发展的一种向往和追求，是人们的世界观、人生观和价值观在奋斗目标上的集中体现。

梦想是美好的，也是飘浮在空中的，介于现实与虚幻之间，常常可能是我们不知能否触及的一个华丽的梦。理想则不止是一种目标，它还强调为了达到这一目标，人们所需要付出的实际行动，强调实现目标的过程与努力。理想不只是一种欲望，它是我们脚踏实地、一步一个脚印走出来的坚定远方。

"梦想"是可以变为"理想"的。通过树立信念，为目标付出切实行动并坚持到底，缥缈不定的梦想在我们主观能动性的发挥下可以变为现实。无论梦想多么精彩，终究是漂浮不定的。只有把梦想化为理想，为目标不断奋斗与拼搏，方有可能实现自身期待。

（王婧岚）

我深怕自己本非美玉，故而不敢加以刻苦琢磨，却又半信自己是块美玉，故又不肯碌碌无为，与瓦砾为伍。于是我渐渐脱离凡尘，疏远世人，结果便是一任愤懑与羞恨日益助长内心那怯弱的自尊心。

——中岛敦《山月记》

【解读】

在原作中，这段富有哲理的话是以故事的主人公李征的口吻展现的。李征还说"我想以诗成名，却又不进而投师访友，相与切磋琢磨。与此同时，我又不屑与凡夫俗子为伍"，由此看来，他何尝是怕自己本非美玉？他只是害怕自己难以经受雕琢，缺乏坚韧不拔、锲而不舍的精神罢了，这一切只不过是他自己碌碌无为、苟且于此的借口而已。他虽然自命不凡，但是内心潜藏着不愿自我磨砺的怯懦心理。这种"怯弱的自尊心"使得渴望功名的他不愿意走与寻常人同样的现实道路,在转而追求理想的过程中,又犹犹豫豫瞻前顾后,不敢去认真审视自己。他似乎选择了道路,然而事实上从未作出选择。这样,当他不得不向现实屈服的时候,就自然而然地走向了崩溃。

  当我们必须面对梦想的时候,其实既不需妄自菲薄,也不必妄自尊大。如若选择成为美玉,我们就需要下狠功夫去雕琢自己的内心,修炼自己的心性。否则,我们终将一事无成;如若选择接受平凡与普通,我们也要切忌碌碌无为,而应该在接受现实与理想的落差间不断沉淀自己。不要怕自己不是块美玉,只要坚信自己内在的才华,抱持着坚定的态度,全力以赴就可以。愿意不懈雕琢自己的人,本身就是一块美玉。

(王易乾)

第33周
周一

> 努力想得到什么东西,其实只要沉着镇静、实事求是,就可以轻易地、神不知鬼不觉地达到目的。而如果过于使劲,闹得太凶,太幼稚,太没有经验,就哭啊,抓啊,拉啊,像一个小孩扯桌布,结果却是一无所获,只不过把桌上的好东西都扯到地上,永远也得不到了。
>
> ——卡夫卡《城堡》

【解读】

小说的主人公K应聘当城堡的土地测量员,却在一个村落中挣扎至死也没能进入城堡。在K心中,城堡就是理想,但缺少经验、过于急功近利的态度却让他无法触及自己的理想,最终陷入一败涂地的境地。卡夫卡认为,对待理想的错误态度,是一个人成功路上最大的障碍。面对理想,我们应秉持的态度是沉着冷静、实事求是和脚踏实地。沉着可以令我们以更清醒、更理智的视角思考问题,有更清晰的自我定位;而脚踏实地的奋斗则会支撑我们到达理想的彼岸。

　　作为当代青年,我们每个人身上或许都有K的影子。我们着眼于高尚的理想与伟大的目标,却也会在成功的道路上徘徊不前,迷茫无助。对于青年而言,只有充分反思自我,冷静面对困难,做事脚踏实地,才能不慌不忙,跨过重重迷雾,叩响理想的城门。一如朱光潜先生所言:"我们要能于叫嚣扰攘中,以冷静态度,灼见世弊;以深沉思考,规划方略;以坚强意志,征服障碍。"

(全威)

> 为了实现理想,要有牺牲一切的准备,要用自己的力量来实现,而不是靠别人给予。
>
> ——动漫《新世纪福音战士》

**【解读】**

在人的一生中,都会经历追逐理想、实现愿望的过程。为了实现理想,我们有时需要做好牺牲一切的准备,如果在实现理想的道路上患得患失,就会让这条路变得更加曲折和坎坷,也更难实现最终的理想。个体理想的实现,最终还是要依靠我们自己的力量。我们可以接受别人的帮助,从他人那里汲取经验,完善自己,化为自己逐梦路上的力量。但我们不能让他人来替代我们完成这些过程,而且他人的帮助终究是有限的。就像高考一样,我们为了高考而拼命地努力着,牺牲了无数休息时间来复习知识和查漏补缺。老师们也在竭尽所能地指导我们,但最后真正学习的主体还是我们自己。无论老师多么优秀,都无法代替我们上考场,只有将老师所讲的知识化为自己的东西,我们才能取得更大的进步。

(崔艺馨)

我想,不应该给这个神话染上太重的悲壮色彩。想想这位男子吧,追不着的太阳永在前方,扑不灭的自信永在心中,因此,走不完的道路永在脚下。在这个过程中,天人之间构成了一种喜剧性、游戏性的互诱关系。这个过程证明,"天人合一"未必是真正的合一,更多的是互相呼应,而且很有可能永远也不能直接交集。以此类推,世间很多被视为"合一"的两方,其实都是一种永久的追逐。

——余秋雨《寻觅中华》

【解读】

　　作者由"夸父逐日"的神话故事谈起。人们时常为"差一点"而悲伤，对难以实现的"遥不可及"反倒宽容。也许是少了一定要做到的压力和付出回报两相权衡时的郁郁，任何一点收获都能够让人们感到喜悦，即便是因为"前路漫漫"看不到终点也可以安慰自己"至少没有偏离脱轨"，此后便也能愉快地前进。

　　相反，付出即有回报的想法往往使人们难以接受理想与现实的落差，但重视回报恰恰也说明追逐过程之于我们的重要。因此，与其蹲在一颗烂种子旁彻夜冥想它究竟为什么没结果，不如起身到更广阔的土地中去挥洒汗水。当然，这不是盲目追逐。"太阳"遥远却总有光照在身上，这是在了解到客观条件终有限制和万事万物永恒发展的前提下，以一种积极、灵活的态度去对待得失。就像是一场永远闯不到最终关的游戏，有了这场永不停息的追逐，人生的每一处关卡才会更加精彩纷呈。

（施念希）

第33周
周四

这个世界上任何东西都是这样,你不要它,它就好好地在那里,保持着它的完整,它的纯粹。一旦到了手中,你就会发现,自己没有全部得到。

——阿来《尘埃落定》

【解读】

这个世界的任何东西都因它的"完整""纯粹"而有着自身客观的价值,但当人追求一件极其渴望的事时,免不了给它加上美好想象的光环,有时光环甚至已经远远大过事物实际的价值。正所谓"物极必反,水满则溢",当你光环真正得到时,重新站在拥有者的角度思考问题,去掉远观的想象,才会发现事物本体的局限性,才发现自己并没有按照理想中的那样"全部得到"——没有"全部得到"是必然的,因为任何东西实际上根本没有理想中那样完美无瑕。

有时圆满正在于恰到好处的残缺,而强烈的占有欲只能带来过分的饱胀。如若一直陷于"人间三苦"(痛苦于"得不到""得到了却不过如此""轻易放弃而后悔"),人生就仅剩"痛苦"二字了。因此,对于我们已然拥有的,懂得珍惜与保护,即便不完美至少也要安放它,不要再因"没有得到全部"的失落而错过前方的美景;对于没能直接得到的,则尝试用平常心对待或是再次出发启程,毕竟它的"完整""纯粹"里,仍有你努力争取的价值。

(张楷鹭)

人生的最大意义不在奔赴某一目的,而是在承担每个过程。

——林清玄

【解读】

我们的一生很长,足够让我们去做自己想做的事情;我们的一生又很短,匆匆几十载,一不留神,时间就从我们的身边溜走了。因此,我们要享受人生中的每个过程,而不应该仅仅为了实现自己的各种目标疲于奔命。人生的最大意义不在奔赴某一目的,而是在承担每个过程。无论是成功,还是失败,这都会是我们人生中极其重要的组成部分之一,也是我们人生的宝贵财富。我们要勇于承担,乐于承担,这样我们的人生才会更加绚烂多彩。

(连悦怡)

第34周 周一

永远是这样,风后面是风,天空上面是天空,道路前面还是道路。

——海子《四姐妹》

【解读】

轻风吹来,总还有下一阵;仰望天空,总是无穷无尽;顺着道路走去,总也难见终点。人生空旷,那意义又何以寻得?我想,无止境的轮回,并非就等同绝望;生命的美丽,未必与颠覆性的持续革新相关。风还是风,但未必是刚刚的那阵;天空还是天空,但未必是昨日的光景;道路还是道路,但沿途的风景总也欣赏不完。当我们继续在无限延伸的道路上前行时,别忘了嗅一阵春风,带着别致的滋味,记住当下的天空。

(杨晓菁)

想象力越是丰富、理想越是远大的人，烦恼必定越要深重。

——史铁生《给侄子小水的三封信》

【解读】

"人无远虑，必有近忧"，人们总是为了或大或小的事情忧愁，有的是杞人忧天，有的是庸人自扰，还有的是"成长的烦恼"。身体在长大，情感在长大，想象与思考的能力都在长大，但是还没有长到能够发现问题就立刻解决的程度，所以便产生了许多的困惑和烦恼。而想得越多、越远，烦恼就越重。不过呢，我们需要明白现实注定是残缺的，理想注定是趋向完美的。因而，理想和现实的冲突是难以避免的，冲突越小，意味着理想越低，冲突越强，说明理想越远大。从这个角度看，成长的烦恼不是一件坏事，只是我们不能一直困于烦恼之中。

烦恼层出不穷，我们不能因此止步不前，而要通过实践推动现实向理想的方向靠拢，从而减轻我们的烦恼。直面矛盾，解决矛盾，在一次次尝试的过程中我们拥有了经验，丰富了阅历，逐渐趋向理想与现实的平衡，也就不再为"成长的烦恼"而烦恼，因为我们有底气、有能力应对一切烦恼，自信地活出理想人生。

(邓超)

"一个人在寻求的时候，"悉达多说，"往往只注意自己正在寻求的东西，结果发现不了任何东西，吸取不到任何东西。因为他一心想着自己正在寻求中的东西，因为他有一个目标，他已经执着在自己的目标上了。寻求的意思是设定一个目标；而发现的意思是自由、包容和不设立目标。

——赫尔曼·黑塞《悉达多》

【解读】

"目标"已经普遍成为人们心中一种根深蒂固的观念。在成长中，我们一直被教导要设定"目标"，但常因缺乏对于目标的底层逻辑与意义的个人理解，只能麻木无奈地因惯性而沿着"目标"前行，内心却未真正因有了"目标"而感到安定。我们在人生中也将遇到很多新的目标，在一次次或主动或被动地与目标的奔赴和交锋中，我们很有必要加深自己对目标本身的思考。

婴儿并不懂目标设定和规划为何物，但也懂得为了达到寻求食物的目的而啼哭。由是观之，目标源于人们生存的本能，植根于一种对更好的生活的向往。目标的雏形是对短期的既得利益的探寻，人们在社会化的过程中，随着理性的完善，逐渐锻炼并习得了一套更成熟的目标管理策略，更追求长远利益。人们意识到，面对充满不确定性的变化，只有守住确定性，才可能让自己不被伴随着风险的浪潮卷走，而目标无疑是一种可量化的可被人们掌控的确定性。同时，这样的目标驱动导向，也符合现代工业文明对专业分工和高效率的要求。

然而，虽然目标的设定与人的成长相契合，且符合时代特点的要求，但它本身并不能作为生活的意义。人生是完整的，目标是阶段的；人生是动态的，目标是静态的；人生是复杂的，目标是单一的；人生是可能，目标是工具。人生和我们普遍倡导的"目标"并不等同，把目标管理作为生活的全部，会导致人的工具化和异化，这也是现代人精神上产生虚无感的重要原因。

当然，目标设定并不是毫无可取之处，只是我们要学会利用这一工具，而不是把自己困于工具，甚至变成工具。人生中既有"寻求"，也有"发现"，前者侧重现有人生，后者侧重新事物。两者都很重要，"寻求"帮我们立足，"发现"帮我们开拓，它们统一于生活之中，并无必要对比哪个更胜一筹。然而即使是"寻求"，也分为对终极意义的"寻求"，和对现实目标的奔赴。这两者若是统一在一起，便可以被视为是人生的真正目标。

悉达多认为，"那目标不是别的，而是在生命的每一个时刻中灵魂的一种准备，一种容纳力，一种思考、感觉和呼吸万物圆融统一思想的秘技。"是的，我认为只有这样的"寻求"才有可能与发现真正统一，"寻求"为发现奠定了基础，而不是去阻碍"发现"。我们"寻求"一种状态，在这种状态中，我们永远自由和包容，目标管理是我们实现发现的工具，我们在运用这一工具的同时，仍然可以感知每一个当下，觉察万物，从中发现智慧。

花很多年向一条河学习，就一定不如细致的每日阅读计划吗？独坐街头看世人来往人间百态，就一定不如在职场上目标明确吗？倒不是说没有目标一定会更好，但我们的确有必要反思一下自己所"寻求"的到底是什么。

人生不是应试考试，没有标准答案。希望同学们在自己的人生中，既去"寻求"，也去"发现"，以一种自在的状态，守住内心的定力，进而在充满不确定性的世界中去收获自己的心之所向。我们未来的道路还很长，相信我们都大有可为！

（杨晓菁）

# 挫折与逆境

人生在世，难免遭遇挫折与逆境，关键看以怎样的态度去面对。有的人逃避屈服，结果越逃避，挫折越强势；有的人直面困难并付诸行动去克服，结果越强势，挫折就越退缩。

在困难面前，不要低估人的能动性，不可轻易臣服于命运的安排。其实很多情况下，人的焦虑不在困难本身，而在于其释放出的压力和消极暗示。当我们把精力集中为解决问题而采取的行动上时，会发现那只是想象中的困难。

挫折与逆境的意义，不在其本身，而在于其引发的反思和成长，曼德拉说过："我没有失败过。要么赢得胜利，要么学到东西。"这是可贵的"成长型思维"，把挫折当成人生的项目、进步的台阶，自我赋能，收获精彩。

第34周 周四

> 然则非诗之能穷人，殆穷者而后工也。
>
> ——欧阳修《梅圣俞诗集序》

【解读】

中国自古有着"穷而后工"的传统。司马迁认为，古来名篇大抵贤圣发愤之所为作，是意有所郁结、不得通其道才创作的；韩愈认为"大凡物不得其平则鸣"，人在穷途末路而满心悲愤时，感慨人生无出路，情感和精神就会更加渴望出路，会有着极强的写作动力；而人生大起大落的经历往往颠覆了文人既往的信念，既催熟其心智，又消弭其富贵闲愁，迫使作者不得不面对现实的惨痛，并将自己重塑、扩大和提升以包容这种人生的惨痛。因此人穷困时写出的作品是述往事、思来者，是歌也有思、哭也有怀，往往大开大合，将一切记忆和知识精妙地化为填补内心痛苦的材料，那些真挚、精准而力透纸背的文辞让文人的情感永远得以保鲜。

"穷而后工"，指出了文学创作的源泉。反过来想，我们面对穷途时，也可以把创作作为生活的方式。创作不仅指文学的写作，也涵盖了艺术的灵感、工作的发明等广阔的领域，这些都是将"穷途"的情感浓缩后加以输出的方式，或许会成为扭转穷途的契机，至少也可以将我们的痛苦从内心深处转移出去。

韩愈作为柳宗元的好友，看到柳宗元在被朝廷排斥、沦于穷困后，文章反而得以传世时，指出了"得志"与"得文章"的两难。那么，普通读者该如何面对穷而后工的文章？读者在感受其中的审美情调，感慨他人之不幸时，也明晓了自身的幸运，对这类作品的弃置不看，是一种忽视和掩盖的残忍。

（石雨墨）

我喜欢既没有花、没有叶子也没有芽的树枝,我喜欢这样的树枝。即使这样,您看它仍然顽强地生存着,它可不是枯枝呢。

——太宰治《斜阳》

【解读】

希望隐藏于绝望之中。既没有花、没有叶子也没有芽的树枝看似不起眼,但无论风霜雨雪,都不能消灭它们求生的欲望,它们在别人看来"枯死"了,但在它们的内心中,自己从未"枯死",依旧存在着"发芽、长叶、开花、结果"的可能。他们在没有任何成功希望的情况下坚持着"生",坚持前行。看似平凡普通的岁月里,这种顽强不屈的精神恰恰是极不平凡的。绿叶与鲜花是成功的象征,世人往往只看到光鲜亮丽的成就,却从未想过在这样的成就背后是无数个"没有花、叶子、芽"的艰难岁月,这一艰苦的过程是值得敬佩的。因为,冬夜固然寒冷、漫长,可它无法阻止春天的来临。

(肖阳)

人生之旅历途甚长,所争决不在一年半月,万不可因此着急失望,招精神上之萎苶。

——梁启超《梁启超家书》

[解读]

这段话可以分为两部分来看。"人生之旅历途甚长,所争决不在一年半月",这部分更多是想告诉我们要把目光放长远,不要为了眼前一些小的成就或是利益而舍本逐末。这对于生活在现代社会的我们而言,有着很好的启示作用。若是把自己的目标定得过于狭隘和功利,那么自我的提升便是有限的。而"万不可因此着急失望,招精神上之萎苶",则指明了人在面对挫折时,不可着急失望,人生的挫折和坎坷是十分正常的,因为眼下的失利而郁郁寡欢、跌入谷底,不但无法改变现状,对自己的生活也会产生不利影响。当我们目光长远、心态宽和时,自然会迎来人生的甘露和清风。

(杨昀博)

只有永远躺在泥坑里的人,才不会再掉进坑里。

——黑格尔

【解读】

躺在泥坑里一动不动的人不会掉进泥坑,因为他始终就在泥坑当中。躺在坑中的人不想走出去,因为害怕掉进另一个坑当中,让衣服再脏一遍。但长久地躺在泥坑当中,固然不会再次弄脏衣服,却会使衣服本身越来越脏,被泥水侵蚀,愈发地难以彻底清理。推及人生的旅途,人的成长总伴随着挫折,一路走来总是跌跌撞撞。如果我们在跌倒后,害怕再遇到另一个坎,索性毫无作为,消极应对,那么我们也许不会再犯错,却会一直消极下去。"真正的猛士敢于直面惨淡的人生",或沉或浮,或起或落,对于一个人来说都是好的磨炼。不断地掉入坑中再爬起来,然后走出去,正是培养抗压能力的过程。

(马嘉成)

大凡物不得其平则鸣:草木之无声,风挠之鸣。水之无声,风荡之鸣;……金石之无声,或击之鸣。人之于言也亦然,有不得已者而后言。其歌也有思,其哭也有怀。凡出乎口而为声者,其皆有弗平者乎!

——韩愈《送孟东野序》

【解读】

这段文字中,韩愈在勉励孟郊以不得志的经历去"歌唱"的同时,也体现了他自己的写作观——坎坷的经历能成为创作的沃土。如果一个作家养尊处优,是不容易写出震撼人心、字字泣血的文字的。当作家遇到诸种艰难险阻,对自身的心性有极大的磨炼后,反而是"歌也有思,哭也有怀",能够将一腔真情实感付诸笔尖。韩愈重视写真情实感,强调要有"务去陈言"和"辞必己出"的独创精神,这也是他提出的"古文运动"的宗旨之一。

(张锦茜)

命定的局限尽可永在，不屈的挑战却不可须臾或缺。

——史铁生《我与地坛》

[解读]

多数人在面对生命的磨砺时，把眼光投向他人，只看到一帆风顺者表面的光鲜，于是开始控诉世道的不公、抱怨自身命运的多舛。罗曼·罗兰曾说："宿命论是那些缺乏意志力的弱者的借口。"我们固然不相信宿命之论，却也不能将命运的局限完全否定。史铁生"活到最狂妄的年龄上忽地残废了双腿"，这何尝不是命运的玩笑？一个人的人生中存在着许多既定事实，也因此有着许多命定的局限，但"不管怎样，这是我的肉体，有着极限和倾向，与容颜、才华相同，即便有不尽如人意之处，也无足以取而代之的东西，只能靠它拼命向前"。事实上，基于不同的前提，每个人有不同的活法。有人好高骛远地追求更高的上限，却未在自己力所能及的范围内把自己的人生活得充分,活得完满。当人们能够悦纳命运所给予的上限后尽力地生活,以不屈的意志直面命定的苦难,以坚毅的心灵迎接人生的挑战时,生命会展现出最美的姿态。与其站在巨人的肩膀上抵达光辉的顶点,不如从谷底艰难攀登到地平面,当朝阳在你身上投下第一缕光辉的时候,你会发现这是一件更为伟大的事情。或许你曾彷徨迷惘,深感自身的能力与强者之间存在着一道鸿沟,但请不要太过看重结果本身,要将你已有的能力当作命运的馈赠,尽力弥补短板,即使无法达到他人的高度也不要沮丧,毕竟真正的高贵是比过去的自己更优秀。

(黄雨奇)

> 故割而可卷,孰为神兵;焚而可变,孰为英琼。宁鸣而死,不默而生。
>
> ——范仲淹《灵乌赋》

【解读】

一旦切割东西就会卷刃,又算什么神奇兵器?一旦焚烧就会变化,又算什么美玉?宁可因为啼鸣而死,也不选择沉默偷生。

宋景佑三年,范仲淹上书弹劾宰相吕夷简滥用亲信,被贬到饶州,生活十分困窘。妻子李氏病死,范仲淹自己也重病缠身。梅尧臣时在附近做官,作《灵乌赋》赠范仲淹,劝范仲淹明哲保身,不要再因直言进谏为自己招来祸端;范仲淹即作《灵乌赋》回赠。

人情所难,不在于晓正道、树良知,而在于守正道、践良知。树立良知关乎智慧,是一个主体与客体对话的过程,让主体在对话中了解正道良知的存在,本身没有风险;践行良知关乎勇气,是一个主体趋向客体的过程,让主体在正道良知的指引下行事,需要跨过主客体之间的鸿沟,存在风险,故曰:"知易行难"。

若处在不良的环境中,则践行良知、正道直行将更加困难,因为践行的过程中将遇到诸多风险。正如"知我者谓吉之先,不知我者谓凶之类",而知我者却在少数。多数情况下践行良知、正道直行,反而会被当作危言耸听,不被接纳;甚至被视作异己,遭到打击和排斥;而进忠言者满怀热心,反遭冷遇,心底有委屈而又无可诉说,更会产生对信念的动摇,陷入自我的怀疑与否定,从而放弃进谏忠言。"鸣"之凶险若此。

然而,正因其凶险,"鸣"的选择才显得高贵。正如范仲淹所言,遇到困难就转变心意,不能做到终始如一,又何谈生命的高贵?遇难即退,本就是不相信真理的表现。践行良知、正道直言的道路越是艰险,越能显出作此选择且坚持到底之人品格的高尚。

这种人生的选择,折射出作者的价值判断。宁可选择进忠言而丧身,也不愿苟且偷安,因为在范仲淹看来,道义重于生命,故有舍生取义之举。如为生存而抛弃道义和对社会的责任,那么生存的意义也无从谈起,这样的"生"是"生不如死"的。

推而广之,每个人也都该有"宁取之死,不舍之生"的超越生命的价值追求。这并非鼓励轻视存亡,而是要求每个人在生命中有所坚守,建立自己的价值体系并忠诚地予以执行,从而实现超越个体生命真正的人生价值。

(黄雨辰)

人与自我

唯有痛苦才能给人带来教益。

——本杰明·富兰克林

【解读】

痛苦能给人带来教益,挫折能教会人成长,这是具有"真理性"的话语,是为人们普遍承认的事实。然而,这句话作为必要条件假言判断,其含义是"如果收获了教益,那一定经历了痛苦",而非"只要经历了痛苦就能成长"。一旦采用了后一种说法,便会陷入荒谬的苦难哲学,忽略了苦难的承担者所具有的非凡毅力、冷静思考的智慧与冲破困境的勇气。"古之立大事者,不惟有超世之才,亦必有坚忍不拔之智"。

痛苦之所以能给人带来教益,不在于痛苦本身,而在于它能开启我们的智慧,激发我们的勇气。我们的心灵渴望获得成功而不是遭受失败,所以它会释放出最大的潜力,努力将所有的问题解决,让我们的思想和心灵在这个过程中不断成长。当然,除了在失败中汲取精神智慧，我们也可以通过分析失误的原因提高个人技能，这便是"失败是成功之母"的原理。

成功与失败的分水岭，就体现在面对痛苦的态度上。趋乐避苦是人之天性，但智者不会因害怕痛苦而选择逃避，他们会迎上前去，坦然承受这些问题带给自己的痛苦，直至把问题解决，人与人之间的区别便在这里。

（陈怡皓）

在逆境中,把俯视墓穴的悲痛,转换为仰望星空的情感。

——雨果《悲惨世界》

**[解读]**

这句话讲述了一个面对逆境寻求生机的方法。雨果希望逆境中的人把俯视墓穴的悲痛转换为仰望星空的情感。俯视墓穴的悲痛指的就是面对逆境放弃挣扎,困于绝望,而仰望星空的情感可以有很多种解读。仰望星空的情感可以是昂首挺胸,充满信心地面对困境;可以是拥有梦想、向往美好与幸福;也可以是打开格局,目光长远,拥有开阔的心胸……总而言之,是一种积极向上的生活态度。

其实,面对逆境,最重要的在于如何实现两种情感之间的转换,鸡汤喝多了便索然无味,在逆境中仍然保持着积极向上的心态,不是简单思考就能够做到的。这种转换是思维方式的转换,是对祸福相依的认同，是把厄运当成历练自己并通向成功的垫脚石，是真正看清了生活的本质是一次次的逆风翻盘，是坦然接受了生命的考验，是学会品味苦难的滋味。而这一切，都需要在亲身体验与领略过后，在灵光一现的时刻，我们才能真正明白苦尽甘来的甘甜所在。一味沉浸在悲观里，故步自封，人生的路只会越走越窄，不如勇敢打破藩篱，转换思维方式，迎接新的人生。

即使生活以痛吻我，我也要报之以歌，即使身处阴沟，也仍要仰望星空。真正的英雄是那些看清了生活真相，却依然热爱生活的人。

（邓超）

第36周
周三

所谓"希望",就是付出努力有可能比完全放弃强一点点。

——李娟《遥远的向日葵地》

**[解读]**

《肖申克的救赎》中的安迪曾说:"希望是美好的,也许是人间至善。""希望"一词之所以美好而强大,是因为其根植于人类独有的预设未来与想象的能力。希望包含着对于美好未来的想象、对于自身努力将有所改变的相信乃至对于社会历史与世界拥有一种前进性的相信,它不必有充分根据、也不必有现实中的正向激励,甚至越是在逆境中越是蓬勃生发。在某种意义上,"希望"是仅凭人类自身精神意志便可支撑的灯塔,是在冰冷现实与混沌世界中唯一的温暖与光明。

"希望"不仅能给孤独失意的人以慰藉和期盼,更能在充满不确定性的世界中为迷茫恐惧的人注入奋斗的动力。海明威曾说:

"'这个世界如此美好,值得人们为之奋斗。'我只同意后半句。"最能熄灭奋斗之火的不是人类固有的好逸恶劳的惰性,而是一分耕耘无半分收获——努力的无意义。若说人生在世,奋斗便是不断赋予意义和收获成就的过程,那么有太多太多的理由能轻易消解我们珍视的意义。所谓"躺平"之风,何尝不是一种希望被迫熄灭后的无奈自嘲?在经济全球化时代,人生或许会受到各种风险的影响,而造成这些风险的可能是我们不能选择也不能改变的。发展的不平衡不充分现状下,是无数努力不能完全抵消的不平等。

然而,再怎样身处污泥之中的人都有一双同样能仰望星空的眼睛;世界上,不能被任何人或事剥夺的就有希望,以及我们在希望的驱动下付出努力的意愿。付出努力固然不能扭转乾坤、不能改写世界,但是付出努力可能比不付出要好一点点。正是这"一点点"给予我们无限的希望与无穷的动力,也正是许多"一点点"积水成渊、缓慢而坚定地推动着社会更加平等、包容、多元,推动着世界变得更美好。

(冯羽墨)

人与自我

在隆冬,我终于知道,我身上有一个不可战胜的夏天。

——阿尔贝·加缪《夏天集》

【解读】

隆冬是严寒冷酷的,正如人生中的逆境和厄运,带给我们苦痛。在遇到隆冬之前,我们的人生仿佛并无四季,感受常是平淡的,安逸生活中的一切都只是看似理所应当的细水长流。然而,当隆冬来临,过往便被冲击和冰封,甚至被颠覆。极致的寒冷激发人的斗志和潜力,于是我们身上的夏天被发掘,从而能够抵御隆冬的侵袭。冷静审视遇到的困难,坚定信念,拼尽全力与之斗争,拼搏克服逆境,奇迹也就这样在厄运中诞生了。

隆冬和盛夏本相通,最深刻的隆冬能带来最炙热的盛夏,这一过程中闪烁着崇高的人性光辉。隆冬和盛夏都具有剧烈的能量,并且相互转化,它们的深刻性映射出个体不竭的生命力。这是一份无穷的追寻生命的热情,造就伟大的灵魂,无论现实结果如何,都自有其不可磨灭的不可战胜的价值。知道世界上存有隆冬,却仍勇于拥抱世界,去除做作伪饰,以最本真的自我投入感受人间真味,获取完整深刻的真实生命体验。这样一来,四季各居其位,流转运行,造就真正的乾坤。即使隆冬已成过往,生活重归平静,我们也会发现,现在的我们,比之前更加接近那个真正的自我。

(杨晓菁)

我知道，未来的路也不会比过去的更笔直，更平坦。但是我并不恐惧。我眼前还闪动着野百合和野蔷薇的影子。

——季羡林《八十述怀》

【解读】

人生的路很长，一帆风顺的生活并不存在。无论现在怎样艰难，未来我们依旧要面对不一样的挑战。面对未知，我们或者恐惧，或者选择幻想和逃避，或者勇敢面对。

勇气来自哪里？我以前以为，勇气来自历练，是"年轻过，落魄过，但对生活一往情深"的执着，是"历尽千帆"以后，见证了其实并没有所谓"绝望"，因为人总可以在黑暗里抓住一些光亮，找到一条闪烁着希望的路，于是成为人的智慧和底气，让我们不再畏惧此后的路。但也许那些数不清的经历，并不足以给予一个人勇气。我也曾经担心，"生活就是一个不断受锤的过程"，一次次期望扑空和面对现实,让人从锋利变得绵软,变得永远用既定的、固守的价值标准去评判一切,不再接受新鲜,不再期待变化。有些时候,经历让人失去勇气。

可能很多时候,我们要做的是不让经历改变我们而不是被经历改变。勇气是一种天然存在的东西,大多数情况下时间和经历的淹没指向的是勇气的沦落。真正一如既往勇敢面对生活的人,是那些没有被世界改变的人。"最重要的东西是在幼儿园得到的",孩子比大人更懂得什么是真正纯粹的爱和勇敢,他们没有被现实触摸过,他们的世界里是单纯的相信、追求和快乐,这些都是勇敢的来源,都是"野百合和野蔷薇的影子",是对最简单、最朴素的东西,对生活本身的信任、热爱和好奇。这些简单美好的心理感受,在逆境里更珍贵、更给人力量,而当我们带上它们向前,翻过山跨过河,我们会更相信它们存在的意义。

面对眼前的路,勇敢地向前走吧,那句"没有杀死你的只会让你更强大"告诉我们的不是苦难的力量,而是面对苦难从未改变的勇气。就像一个伤痕累累、身经百战的战士最让人动容的地方不是他受了多少伤,而是那双依旧明亮平静的眼睛。在任何一个艰难的时候,想一想生活是多么简单美好,有花儿,有爱,有春天。

(申若昀)

所有随风而逝的都属于昨天的,所有历经风雨留下来的才是面向未来的。

——玛格丽特·米切尔《飘》

【解读】

《飘》的主人公斯嘉丽经历了从种植园地主沦陷到自力更生、养家糊口的穷苦人家。斯嘉丽坚信"明天又是新的一天了,明天会更好的"的人生信条,生活也向她证明了:明天不一定更好,但愿意相信明天更好的人,一定是活得积极的人。昔日的悲惨经历就应当令其随风而逝,经历了这些风雨才能锻炼出积极向上的心态,怀揣勇气面向未来。

(李丹枫)

第37周
周二

不过,但凡游历总有酬报:异地他乡增长见识,名山大川陶冶性情,激流险阻锤炼意志,生病的经验是一步步懂得满足。发烧了,才知道不发烧的日子多么清爽。咳嗽了,才体会不咳嗽的嗓子多么安详。刚坐上轮椅时,我老想,不能直立行走,岂非把人的特点搞丢了?便觉天昏地暗。等到又生出褥疮,一连数日只能歪七扭八躺着,才看见端坐的日子其实多么晴朗。后来又患尿毒症,经常昏昏然不能思想,就更加怀念起往日时光。终于醒悟,其实每时每刻我们都是幸运的,因为任何灾难的前面都可能再加一个"更"字。

——史铁生《病隙碎笔》

【解读】

史铁生终其一生都在与自己的疾病搏斗、和解。他从痛苦中生发的思考,往往给后来者以慰藉和启迪。在本段话中,史铁生主要阐发了这样一种思想,即处于逆境中的人,要意识到一切可能变得更糟,与其感到愤怒、无力,不如强迫自己逐渐接受当下的事实,并以尽可能积极的态度,面对它,"现在想的不是我还能拥有什么,而是我能凭借我现有的东西做些什么"。

史铁生说"人真正的名字是欲望",我们永远都活在"希望"的麻醉剂中,期待着一切能顺从己意,变得更符合自己的需要……殊不知我们是被"抛"到这个冷漠的广袤世界中,不确定性不为我们的意志所转移,"什么都有可能发生"。因此,如果生活风平浪静,我们理应怀着一颗感恩之心;如果厄难降临,也没有什么好责怪的。当然,对不确定性保持客观、冷静的态度是极其困难的,史铁生带有调侃意味的"但凡游历总有酬报"不知有多来之不易,他"终于醒悟",又经历了多少血与泪的挣扎。这提醒我们,把握住当下的每一个瞬间,时刻提醒自己,不为过去而忧虑恓惶,不因将来而畏惧不已。

(郑睿晞)

# 认识自己

认识自己,是一个终身课题。从哲学角度讲,人一生都在认识自己,通过其所经历的顺境、逆境,经受的荣耀、屈辱,自身的善心、恶习……充分表现自己、暴露自己,从而完成自我体认。

人在关键节点的自我定位,做重大选择时的自我评估,都需要认识真实的自己,综合外部评价和自我反思,认识本来的、当下的、客观的自己,由表及里,去伪存真,格物致知。

人带着独一无二的生命密码来到这世间,走完他人不可复制的人生轨迹,需要认识唯一的自己,发现自己存在的意义和价值,听从内心的召唤。

认识自己,有两个重要原则:一是如杨绛所说的"平视自己",既不虚夸自得,也不妄自菲薄,才能看得清自己;二是保持敏感,人与自己相处久了,往往陷于麻木甚至冷漠,所以要唤醒内心的热情,提高生活的敏感度,随时收集,及时反馈,为自我研判提供翔实的、有价值的信息。

第37周
周三

认识自己,是为了寻找还没有认识的自己。

——汪曾祺《独坐》

[解读]

认识自己是一个不断审视自己、探索内心的过程,也是一个挖掘自身潜能的过程。不懂得认识自己时,人只会在已有的舒适圈内徘徊,止步不前。当人学会认识自己后,面对挑战不退缩,便能不断超越自我,同时得以看到一个全新的世界,与崭新的自己相识。人在认识自己后,潜能会被激发,人会展现出更多未知的可能性,这时便需要继续认识自己,继续向前探索,从而形成一个良性循环。在这样一个循环往复的过程中,个体得以不断进步,向更高更远的方向前进。

(程钰舒)

第37周
周四

我不能自诩洞明世事。从过去到今天,我一直是一个寻觅者。但我已不再寻求于星辰和书本之间,而是开始聆听自己血液的簌簌低语。我的故事并不令人畅怀,也不像杜撰的故事那样甜美和谐,它味如痴语、混乱、癫狂和梦幻,就像所有那些不愿再自欺欺人的生活一样。

……

每个人的生命都是通向自我的征途,是对一条道路的尝试,是一条小径的悄然召唤。人们从来都无法以绝对的自我之相存在,每一个人都在努力变成绝对自我,有人迟钝,有人更洞明,但无一不是自己的方式。人人都背负着诞生之时的残余,背负着来自原初世界的黏液和蛋壳,直到生命的终点。

很多人都未能成人，只能继续做青蛙、蜥蜴、蚂蚁之辈。有些人上半身是人，下半身是鱼。然而每个人都是自然向人投出的一掷。所有人都拥有同一个起源和母亲，我们来自同一个深渊，然而人人都在奔向自己的目的地，试图跃出深渊，我们可以彼此理解，然而能解读的人只有自己。

——赫尔曼·黑塞《德米安：彷徨少年时》

[解读]

在这个世界上，人生的意义是什么？如果不能对这一问题给出明确的答案，等同于承认日子其实并不值得过，我们所经历的一切，不过是出于生活的惯性，缺乏合乎逻辑的理由。这一问题实在使人苦恼，有人相信一切终极意义都将归于虚无，自我的概念原本就是人臆造的产物。黑塞给出了他的答案：每个人身上都承载着来自自然的召唤，找到那个唯一的自我，实现自我价值，是人生的唯一目的。这恰如尼采的观点：每个人只要严格地贯彻他的唯一性，他就是美而可观的，就像大自然的每个作品一样新奇而令人难以置信。

实现自我的历程是艰辛的，它仰赖于对外部世界的充分体察和对自我的清晰认知。寻觅的过程充满了痛苦和困惑，因为迈出的每一步都是柔软的、未经世事的自己和粗糙的、冰冷的世界进行直接碰撞。没有人能指导你、陪伴你，没有人知道自己的终点在哪里，但是探寻的过程是值得的。人不能逃避对自我的追问，不能随波逐流，对大众的理想与期望懦弱地回归。不论路程多么坎坷，即使终其一生都在路上，也要去面对那个真实的自我，你根本没必要恐惧任何人，"鸟从蛋里挣脱出来，蛋即世界。谁要想出生，就必须摧毁一个世界。"

这本小书给我带来了极大的震动和影响。这个时代中很多人生活得很舒适，逐渐习惯于既定的环境，就容易变得慵懒而麻木。当物质满足且生活优渥时，重新审视灵魂本质时，人们会发现自己追求的其实并不是外在享受，生命的意义似乎荡然无存。为了真正感受到自己的存在，我们必须探寻、接近那个纯粹的自我，把心中最原初的感受付诸生活，全心全意，永不停息，因为这才是人生的意义所在。

（郑睿晞）

世间万物皆有裂痕,那是光照进来的地方。

——莱昂纳德·科恩《颂歌》

【解读】

所谓裂痕,就是事物的缺点。诚然,我们希望事事完美,但是现实总是带来缺憾。不过我们不必因为"裂痕"而失落,因为这些缺点经过改正后会成为继续向前发展的着力点。在万物皆有不足的前提下,表面的裂痕会让外观缺失一些美感,却可以让外面的阳光照进内部,使内部变得光明起来,同时,由于裂痕存在的必然性,我们不必去掩饰它,这样反而失去了让外部的营养进入内部的途径。这是一种正视缺点的态度,即缺点会使人找到提升自己的方向。

(李彧涛)

> 为什么你称自己是"一个微不足道的渺小的弟弟"呢?你意识到自己渺小?弟弟,并非所有的米沙都应该是一模一样的。你知道吗,应该在什么地方意识到自己渺小?那应该是在神和智慧、美和自然的面前,而不是在人们面前。在人们之中你应该意识到自己的尊严。
>
> ——契诃夫《契诃夫书信集　致米·巴·契诃夫》

【解读】

"在人们之中你应该意识到自己的尊严",契诃夫这句掷地有声的话直击人心。出生在一个破产的三等家庭中,他自幼便饱尝世人冷眼,因此,青年时期的契诃夫坚定地要"日以继夜地劳动,不断地读书和钻研""把自己身上的奴性一点一滴地挤出去"。

"远与近"的辩证关系饶有趣味,一方面"爱抽象的人容易,爱具体的人难",我们会为某些神圣的概念倾倒,却难以接纳身边之人的缺点;另一方面"人群"这个实体也同样令人恐惧,往往只在和具体的人的对话中,我们感到自己被尊重。个体身处人群中,容易感到卑微。为了和庞大而臃肿的群体协调、融合,个体的自我意识很容易泯灭。我们轻而易举地牺牲了自己的尊严,麻木了自己独特的感受。更可怕的是,在"万人空巷""群情激奋"的场景中,我们丧失了自己的判断力。坚定地捍卫自己的个性,保护自己的独立意识,普通人无须随时准备"挺身而出",但是可以"拒绝合作"。唯有如此,我们才真正意义上是一个健全的人,而不是屈辱地甚至愚昧地活着。

　　当我们沉醉于"造物者之无尽藏",将瑰丽绚烂的自然风光尽收眼底时;当我们因美妙的诗歌和散文而落泪时;当我们洞察到伟大而深刻的思想,并为之叹为观止时——我们仿佛置身星空之下——只在此刻,我们是渺小的,同时"人是有思想的芦苇",尽情地享受这一切吧!

(郑睿晞)

有比较之心就是缺乏自信。有自信的人,对于自己所拥有的东西,是一种充满而富足的感觉,他可能看到别人有而自己没有的东西,会觉得羡慕、敬佩,进而欢喜赞叹,但他回过头来还是很安分地做自己。

——蒋勋《生活十讲》

[解读]

人与人都是不同的个体,能够进行比较的只是单一的某个方面,所以真正的自信不应该来源于跟别人的比较所产生的片面优越感,而是来源于自己内心的富足、自身人格的完善与自身境界的提高,要向"内"求,而不是向"外"比。不过,比较也并不是需要完全杜绝的行为。良性的比较能够促进个体认识到自身不足,从而积极向上,并且意识到已拥有事物的价值,从而更加珍视所拥有的一切。盲目的对比甚至产生趋时从众的心理,则会扰乱宁静的心绪与求知的平和心态。希望我们都能借助与外界环境的比较来帮助自身定位,同时通过持续的学习和成长保持平和淡然的心态与积极清朗的心境。

(张琳笛)

个体化：人在真实生活中努力去认识和发展他心灵与生俱来的潜能。

——荣格

**【解读】**

外部环境塑造了个体意识，当我们以为意识就是我们所有的想法、情绪、感受、行为时，我们认识到我们被无意识控制着；随后，我们会主动转化成为一个完整的个体，成为注定会变成的样子。而意识和无意识的转化和整合，成为一个完整的个体，就是"个体化过程"。

（杜欣然）

认识自己的无知是认识世界的最可靠的方法。

——蒙田《随笔集》

[解读]

认识自己的过程就是以自身为出发点,加强自身和外界的联系,才能更好地了解自己。认清自身的不足和无知,才能更好地了解身边的其他事物。认识自己的无知就可以有意识地了解世界上自己不清楚的事物,对世界也有了全新的认识。

(齐悦彤)

第38周
周五

西西弗斯无声的全部快乐就在于：他的命运是属于他的，他的岩石是他的事情。

——阿尔贝·加缪《西西弗斯的神话》

【解读】

西西弗斯触犯了众神，诸神为了惩罚西西弗斯，便要求他把一块巨石推上山顶，而由于那巨石太重了，每每未上山顶就又滚下去，前功尽弃，于是他不断重复、永无止境地做这件事——诸神认为再也没有比进行这种无效无望的劳动更严厉的惩罚了，西西弗斯的生命会在这样一件无效又无望的劳作中慢慢消耗殆尽。虽然我们总看到他身上的重负，但西西弗斯告诉我们，最高的虔诚是否认诸神并且搬掉石头，他认为自己是幸福的。这个从此没有主宰的世界对他来讲既不是荒漠，也不是沃土。这块巨石上的每一颗粒，这黑黝黝的高山上的每一矿砂对西西弗斯形成了一个唯一的世界。他爬上山顶所要进行的斗争本身就足以使他心里感到充实。

（张锦茜）

第39周 周一

　　无论人生上到哪一层台阶,阶下有人在仰望你,阶上亦有人在俯视你。你抬头自卑,低头自得,唯有平视,才能看见真实的自己。

——杨绛

【解读】

　　生活中,仰视、俯视、平视三种姿态都会在同一个人身上存在着。对于高者,仰视是一种欣赏、一种尊重、一种学习,但仰视要调动起你努力奋斗的信心和勇气,才会有实际意义。否则,这可能会成为前进路上无法翻越的"阻力"。俯视,有时确实是成为高者,有时却不然,只是对低者的一种姿态。而唯有平视,才最容易看清自己。人生最难能可贵的,不是在逆境中前行,而是在巅峰处还能保持一份清醒,以一种平视的姿态,做真实的自我。

(郭咏涵)

尽管天上有一颗以我的名字命名的行星，地上到处有我的画像，名字也经常出现在各种媒体上，但我绝对没有高处不胜寒的感觉。因为我童心未泯，不喜欢古板，不喜欢一本正经。

——袁隆平

【解读】

面对功名利禄等物质化的影响，袁老仍能以孩子简单天真的心灵与态度应对一切，是难能可贵的。这也恰恰是人能够清晰全面地认知与体悟世界，理性地做出思考判断，专注地潜心于自身事业，真实地向外界呈现自身，永葆纯真与快乐的原因。

（杜欣然）

没有一种批判比自我批判更强烈,也没有一个法官比我们自己更严苛。

——罗伯特·戴博德《蛤蟆先生去看心理医生》

【解读】

自我批判比一般批判更严厉、更强烈的原因大致如下。首先,是人与自我相处的时间更久,人与自我的相处一直如影随形,因此自我的缺陷都会得到见证,自我的不足无法隐瞒,这也导致需要自我批判的问题数量、强度都更大。其次,人以自我为中心,主要关注自我的行为以及在自己身上发生的事,以此提升自我,帮助自己更好地生活,这也与自我批判的目的一致,即帮助自我改正缺点、完善自我。然而,自我批判的高强度,并不一定意味着取得良好的效果。自我批判的结果一方面能够帮助我们改善自我;另一方面,自我批判所带来的羞愧、内疚和焦虑感也有可能将我们带向自我惩罚之路,降低我们的自我评价,甚至有可能形成消极、负面的评价方式。如何正确地使自我批判发挥较大效用,其核心在于自我批判后在肯定自我价值的基础上,以积极的行动改变现存的问题,不要一味沉浸在自己的缺陷中,陷入负面情绪无法自拔。

(王哲萌)

当我真正开始爱自己,我才认识到,所有的痛苦和情感的折磨,都只是在提醒我,活着不要违背自己的本心。

——查理·卓别林《当我真正开始爱自己》

【解读】

"爱自己",是对自我这一整体的悦纳。包括了自我的内部特征,例如人的容貌与形体、个人特质的优点和不足、自我的追求和理想等价值判断价值取向、一切经历和当下的存在状态等;也包括自我的外部特征,例如人所处的社会环境、当下的际遇和机遇、与他人之间的关系等。这些都与我们的心理感受,对自我的评价和认识紧密相关。我们更喜欢接纳那些理想的、符合自我期望的部分,更倾向于排斥不顺心的、不完美的部分。但是,并非所有不完美在当下都有重塑和蜕变的可能,因而我们要学会悦纳,学会包容不完美。承认自己有令人满意和喜悦的部分,也承认自己有不够完善和不尽如人意之处,并不因此而着急慌张,自怨自艾。坦然地接受自己真实的样子,并以当下这个真实可感却并不完美的自己的存在感到欣然而喜悦。

"爱自己",意味着尊重自己的选择和评判标准。从自我的视角出发,在日渐丰富的经历中感受和领悟世界,去寻找我们心目中的"真理",在主观性的色彩中观照客观世界。因此,面对各种各样的评价和观点,我们能够坚守自我理性的判断,不在众说纷纭中自我迷失;我们勇敢地追随自己的热爱,不因为畏惧世人的质疑或批评而停下前行的脚步;在误解和纠纷面前,我们不再一味地向外界证明自己,而是坚守内心的良知和平静。

"爱自己",意味着将更多的精力用在提升自己上。人生活在自然的怀抱里,人创造了人类社会和社会关系,人的确不可孤立存在,但即使如此,我们所能做的也大多局限于自我,我们所肩负的责任来自自我。一个普通人无法改变世界,但可以改变自己的内心,提升自己的能力和涵养,而这也意味着,做好自己,是每个人最基本的责任。

"爱自己",意味着将对自我的爱延及他人,延及社会。只有学会了怎样爱自己,才能懂得如何爱他人。不能宽容自己的人,也很难宽容他人;不懂得同情怜悯自己的人,也很难同情和怜悯别人;不能坚守自己价值判断的人,也很难在两难的境遇面前坚持善和美的一面。

如此,一个有定力、有自驱力、有善意和同情心的"爱自己"的人,他的生活才可能幸福。故而,当我们发现自我陷于痛苦和折磨之中,或许应当想一想——我们还记得"自我"在哪里吗?我们还爱着、尊重着,用心地滋养着这个"自我"吗?无论现实如何,每个人都有权利告诉自己:这就是我现在的样子,我值得被爱。

(申若昀)

# 人生选择

人生面临无数个选择,小到生活细节,大到择业择偶,不一而足。每一次的"选择困难",往往是陷于两难或多难所致,因为任何一次选择背后,都关乎"机会成本",你放弃的方案可能带来的回报,对你做出的选择而言,就是"机会成本",正因如此,我们面对重大选择,往往权衡利弊,慎之又慎。对于经过深思熟虑做出的选择,如果迟疑敷衍,只会让已经做出的选择变得错误,势必会重新回到以前的犹豫不决;所以首先慎重选择,然后坚定执行,以自己的努力让选择变得正确。需要提醒的是,人生不可复制,每个人面对的选择也是个性化的,他人的建议仅供参考,大主意还需自己来拿,"谁选择,谁负责",人生也讲求责权对等。

时间永远分岔,通向无数的将来。

……

我心想,一个人可以成为别人的仇敌,成为别人一个时期的仇敌,但不能成为一个地区、萤火虫、字句、花园、水流和风的仇敌。

——豪尔赫·路易斯·博尔赫斯《小径分岔的花园》

【解读】

人生中的每一个时间节点，都是指向无数未来可能性的岔路口。我们不断进行一次次或谨慎或随意或全然无意识的选择，用一个个偶然拼接出生活，在不如意时便畅想一下其他时间分岔上形形色色的自己在做些什么。但没有人能穷尽时间的迷宫，每个人所拥有的，是机缘巧合之下自己的所经之处，而这一切都是值得体味与感激的、属于自己的生命体验，或喜或悲，或昂扬明媚或彷徨懊悔，一切的所遇、所感、所思、所得构成了生命广度的内涵与自我成就的缘由。张枣《镜中》的"只要想起一生中后悔的事，梅花便落满了南山"中的梅花便代表着每一个选择所激发的生活片段，生命正是在这些感受中拓宽，构筑了自我的集合。

因此，无须排斥生命的任一可能性，无须憎恶所有过往的选择，更无须在偶然性的拼接中试图用概率去论断以汲取安全感。与万径错综的命运主动相迎，恰恰能自如地感知所有自然的馈赠与真情的流动。

事实上，生活所遇值得感激，对囊括万物、承载并赋予各人命运的世界本身的爱也值得永远存在。或许在特定时空中存在着愤怒与失望、对峙与冲突，但能在这片土地上与所有生命建立联系，见证乃至参与种种感动的瞬间，收获温情、理想、顿悟与鼓舞人心的生命感，无疑是永恒的幸事。

(刘沐晴)

第40周
周一

> 这个世界上根本没有正确的选择,我们只不过是要努力奋斗,使当初的选择变得正确。
>
> ——村上春树《1Q84》

【解读】

人生由无数个选择组成。做出每一次选择的那一瞬间,就像是在分岔路口确定了一个前进的方向,一旦踏上旅程,就很难再回头。但是在那个选择的瞬间,我们并无法知道这个选择会给我们的未来带来什么样的改变,最多是一个相对可靠的猜想,否则所谓"预知未来"的超能力也不会成为科幻作者们乐此不疲的选择。正因如此,仅仅站在时间的一个节点上,而不去用面向未来的眼光去评判的话,选择是没有正误之分的;而且用这种视角评判的话,不过是在给现在的自己徒增烦恼,无法对既定的过去做出任何实质性的改变。毕竟"过去是一个幽灵,虚无缥缈,没什么影响力。只有未来才有分量",所以抬头向前,努力奋斗,或许还可以让当初的选择变得不那么令人悔恨;一味地叹息,一定是无用的消耗品罢了。

(焦思涵)

> 你有你的路，我有我的路，至于适当的路、正确的路和唯一的路，这样的路并不存在。

——尼采

[解读]

人生只有一次，每个人都应走上由自己选择的道路，不追随别人，好好地做自己。当我们站在"选择"的十字路口时，别人的做法、建议并不一定是我们需要的。如果有幸得到中肯的建议，就好像帮我们在十字路口点上一盏灯，最后走哪条路和如何走，还要靠我们自己选择。而对于道路的正确与否，不必作过多分辨。因为有些弯路注定要走，经历过挫折，我们才会反思，才能更加理性客观地看世界，从这种层面上理解，错误的路也是正确的路。

(孙鹏勃)

人永远都无法知道自己该要什么，因为人只能活一次，既不能拿它跟前世相比，也不能在来生加以修正。没有任何方法可以检验哪种抉择是好的，因为不存在任何比较。一切都是马上经历，仅此一次，不能准备。

——米兰·昆德拉《生命中不能承受之轻》

【解读】

人生百态，世事无常。人生像一片汪洋大海，苍茫而阔大。在远航的船只上，每个人需要成为自己的掌舵人，选择人生道路，活出自我。而在航行途中，当人们面对机遇与挑战，面临关键抉择时，往往会犹豫不决。人世的未知性，让我们无法依据过去经验进行判断，比较也徒劳；生活的全新性，常常冲击着我们固有的思维框架，进而松弛自我的理想信念。困顿、迷惘，是人们面对未来时的真实心境。

如何面对未知？如何面临选择？仰望星空，脚踏实地。我们无法预知未来，不妨以一种崭新的姿态，展开怀抱去迎接未来。"一切都是马上经历，仅此一次，不能准备。"我们需活在当下，不念过往，珍惜眼前，不畏未来。对于已知的世界，我们既来之，则安之。对于未来的人生，我们时刻以待，不踌躇畏惧。在确定理想目标之后，我们勇敢迈出前进的步伐，创造属于自我的人生。我们踏过的每一步足迹，每一次抉择，都源自对生活的体悟。在未知中探索，在探索中实践，在感悟中收获，积累阅历，不断升华自我，这或许就是人生的价值与意义吧。

（李牧之）

第40周
周四

生命途程上的歧路尽管千差万别,而实际上只有一条路可走,有所取必有所舍,这是自然的道理。

——朱光潜《给青年的十二封信》

[解读]

从出生开始,我们就面对着无数选择,不过在我们尚且稚嫩时,很多选择是由师长甚至社会代替我们做出,比如升学、兴趣爱好的培养……但是,当我们成年后,我们开始真正独立地为自己的人生负责,无数的道路展现在我们面前,等待我们挑选。高考后的专业选择、大学毕业后的就业选择、结婚生育的选择……没有人能再代替我们做出选择,其他人只能给予我们建议,决定权掌握在我们手中。

我们要千万小心,尽量经过周全而严谨的思考后再做出选择。同时,我们又不应该被大千世界的繁花迷了眼,人们常说"鱼和熊掌不可兼得",人生难得两全事,有舍有得才是人生的常态。虽说条条大路通罗马,但是你的选择决定了你付出的时间、金钱、精力等的不同。所以哪怕很难,也请做出无悔的选择。

在我们做出选择之后,没有选择的道路就渐渐消失在身后,眼前只剩我们自己选择的那条或是康庄大道或是羊肠小道。既然选择了出发,就请义无反顾地走下去,我们只能尽力做出自己认可的选择,然后勇敢地沿着自己选择的道路走下去,哪怕结果可能不完美,那也是我们独特的生命历程,是我们通向未来的基石。

(邓超)

# 做人方法

做人做事的方法和技巧,一定是建立在"求真""向善""尚美"的原则之上,这是"道"与"术"之间的关系。抛开做人的原则,孤立地谈方法技巧,那是舍本逐末,容易陷于功利、流于肤浅。做人,首先要扎牢人生的根基,积极实践,沉潜蓄势,厚积薄发,警惕那些速成的、取巧的东西;其次要提高自己的研判能力,人的"瞬间判断力"其实来自"持续思考力",养成反思复盘的习惯,依托科学的思维模型,把握事物的底层逻辑;做人还要张弛有度,讲求分寸,计白当黑,留有余地,不可填得太满,以免把人生过成流水线,以致丧失了应有的情趣。

报纸上说,智者可以从过去摸到未来的痕迹。

——麦家《人生海海》

【解读】

小说中"报纸上说"出现了许多次,结合小说的时代背景,报纸是当时的"互联网",记录着发生的事情,人们透过它了解世界,展望未来。而报纸上所说的话总是给人一种可靠、可信的感觉,作者借报纸讲述道理,饱含着时代的气息,也和情节起到了相互照应的作用,拉近了与读者的距离,是一种有趣的表达方式。

事情的发生都有前因后果,即便当时没有留神注意,事后复盘的时候也总能探寻出一条因果链。事情不是独立存在,往往是多个因综合出一个或多个果。再放远一些,因是先前的果,而果成为了之后的因。它们之间存在的关系是我们推演的前提。漫长的历史如此,短暂的人生亦是如此。

智者善于总结。他们反思过去,从不同的经历中提炼出一个较为普遍的规律,运用历史的相似性从苗头里看到发展的大致前景,从而更好地规划日后的道路,使得未来不再模糊不清,步伐变得更加坚定;或是审视自身,发现过去的错误并预见可能降临的结果,从而及时改正,扭转命运的巨轮,从而能不撞上"礁石"。

但终究也只是"摸到",人生具有太多的不确定性。小说中的爷爷是一位智慧的老人,内心的执念曾让他险些丧命,可他却再次被执念支配做出注定会让自己后悔的举动,最终难逃悲剧。上校起伏的人生也同样如此,从过去到未来有迹可循,却在每一个节点中都无法拼凑出事实的"完整"未来。像书的标题"人生海海"所指的那样,人生复杂多变但又不止如此,人生像海一般宽广,我们可以积极地去探求改变,但也要接受它带来的一切风浪,坚定勇敢地活着。

(施念希)

第41周
周一

寡者,备人者也;众者,使人备己者也。

——孙子《孙子兵法》

【解读】

"寡"和"众"分别指我方力量薄弱和强大。这段话的意思是:我方(在某一方面)力量薄弱,就要处处防备;我方(在某一方面)力量强大,他人就要防备我方。

人的精力是有限的,而困难是无限的。困难就是挡在解决问题道路上的敌人。在同时面对多项待解决的问题时,若不能集中精力于某一方向进行突破,只是被动地应对困难所带来的压力,则分配在各个方面的精力都会十分薄弱,各项困难都不会得到解决。因此应当将精力集中在某一确定的方向,主动出击,用充分的精力首先解决某一方面的问题,再逐个击破,最终解决全部问题。面面俱到则一事无成,兼顾多项事务时应确定先后顺序和主次,减少待解决事务的总量,可以显著提高处理效率。

(王侯润)

发上等愿,结中等缘,享下等福;择高处立,寻平处住,向宽处行。

——左宗棠

[解读]

发上等愿,立青云之志,坚守进取之心,对人生怀有高远的理想抱负,把握人生的主体性与能动性。人生过程中,安于所遇,不强求命运与机缘,结中等缘,只求无愧于心。对于外在的结果,或是人力不可及之事,人们可怀有豁达坦然的态度,与命运和解,实现精神的解脱,把握心灵的自由。结果上"享下等福",贤人满足于朴素的物质条件,怀有超越名利欲望的高洁操守。他们清正廉洁,两袖清风,保有淡泊心境与低调姿态。"人生有味是清欢",回归心灵本位,安享生活的"淡之味"。

择高处立的人生定位,表现人高远的视野、开阔的胸襟、高尚的人格,与不甘平庸的价值追求。寻平处住的处世姿态,彰显谦逊平和的心理态势。向宽处行的处世之道,彰显行事留有余地,保有分寸的智慧与胸怀。

上中下的排序,表现了左宗棠对志向、机缘与物质条件的价值评判,也表现了人生向外进取之道与心灵向内自持之道。"尽吾志也而不能至者,可以无悔矣",实现主观能动性和客观结果的调和。同时,表现了左宗棠对人生追求、生活处世、人际交往的思考。这些处世哲学、为人原则,彰显在理想与现实之间的心理定位,表现在豁达崇高的人生境界与处世智慧,为后人为人处世带来思想的启迪。

(王一帆)

第41周
周三

> 其实人跟树是一样的,越是向往高处的阳光,它的根就越要伸向黑暗的地底。
>
> ——尼采《查拉图斯特拉如是说》

【解读】

这句话可以从两个角度来理解。作为树,根系向地底的深入就是为了吸收更多的水分和营养,而这些养分会使树木不断向上生长,沐浴阳光。一方面,阳光代表光明和美好,地底代表邪恶和肮脏。内层逻辑是,想要去探求真理和幸福,成就自我,就必须深入到尘世中去,汲取经验和教训。当人们扎根在苦难和考验中时,会获取社会的经验和世界的真相,将这些变成自己追求未来的动力。另一方面,树生得越高,面临的风雨就会越大,就必须将自己的根向下生得越深,保护自己不会在狂风中倾倒,这里更多的是一种被动的保护措施。推至人类社会,人们在做出些许成就后要不断地深入研究,而非沾沾自喜。

(李彧涛)

浅水是喧哗的,深水是沉默的。

——雪莱

**【解读】**

浅水处喧哗之势,显露自身微薄之力;深水居沉默之态,蓄势以修行自省。浅水和深水的差距,在于见识的广度与思想的深度。两者看似对立,实则亦是一个积累渐变的过程。推至人类社会,浅薄的人一眼见底、自视甚高、不思进取,犹如井底之蛙,张扬声势,只会贻笑大方;深沉的人见识过广阔的世界,探索过万物之奥秘,意识到自己的渺小与不足,懂得在沉默中修身。在时间的积累与沉淀中,不断完善自我。保持沉静,并不代表甘于平凡,而是一种沉潜蓄势的处世态度。安宁淡然,以静升华自我,乃是智慧之道。

(李牧之)

第41周 周五

我们每个人出生的时候,并非是两手空空,而是捏了一张生命的借记卡。

——毕淑敏《生命的借记卡》

【解读】

人生是不断付出又收获、不断汲取又产出的过程。先存款、后使用的"借记卡"是对生命中"先学习、后运用"的形象比喻。人生来具有学习的能力,这意味着人首先应充实自己,再利用所获取的学术知识或人生经验去走自己的路,或沿袭成道,或开辟新径。倘若改换顺序,还未掌握已知便急于探索未知,就好似"先使用、后存储",学问到用时方恨少。

"借记卡"也生动地说明,人生中的每一次选择都具有重要意义,它们时时修改着命运的轨道。因此,"选择"不应被视作儿戏,哪怕它看似有弥补回旋的余地。"选择"尽管重要,但无须悲观,它不是为人生定音的最终一锤。前路充满着丰富的可能性,曾经踏错的步伐是计入生命账本的教训,它使我们"吃一堑,长一智",完善自我,也为未来的"支出"提供经验的保障。

请收好这张独一无二的人生借记卡,让它恰如其分地发挥作用。

(雷玉佳)

人与自我

第42周 周一

我对任何唾手可得,快速、出自本能、即兴、含混的事物没有信心。我相信缓慢、平和、细水长流的力量,踏实,冷静。我不相信缺乏自律精神、不自我建设、不努力,可以得到个人或集体的解放。

——卡尔维诺《巴黎隐士》

【解读】

个人对客观事物的信心很大程度上依据对该事物价值的认识和判断。唾手可得的事物所具有的"短平快"的特征使得人们在与之接触时缩短了感知其价值的时间,缺少"上下求索"的艰难过程,这种获得更大程度上依赖于事物客观的性状或条件,因而难以发自内心地珍重它,这也便让该事物在我们心中的价值打了折扣,因此我们难以对"唾手可得"的事物保持信心与热情。而相比之下，人们往往更看重"求而不得"的事物的价值。在未能得到时，我们对它常怀有一种好奇与征服欲，特别是在历经长时间"求之不得"的试炼后，起初那种浅层的向往沉淀出"冷静而出智慧"的理智，深化出充分认识其价值的珍重之心。

这种观物的境界是将内因置于外因之上的表现。与其说是对客观事物的信心，不如说是在个人主观能动性与外物良性互动中形成的"求诸己"的自我要求。对于"求之不得"的事物不必赘述，而对于"唾手可得"的事物也并非排除在这种"求诸己"的要求之外。我们或许会发现"对事物的信心"与"事物的价值"间仍然存在一些出入，我们会对一些事物有十足的把握但不一定仰视它的价值，这种看法的差异事实上是源于能力的差异。当我们自身能力超越客观事物本身的价值水平时，我们会认为其"唾手可得"，进而从主观上忽视了拥有它的"价值"，但是我们对该事物的"信心"以及其本身应有的价值不会被抵消。

综合来看，无论是唾手可得还是求之不得，无论是能力之内还是求索方可，我们始终应当持有一种"求诸己"的自我建设意识，小到日常收获的喜悦，大到人类解放的伟业，皆以修身求索、经久自律为本。

（刘伊濛）

我发现,你无话可说的时候就别说话,在你不知如何回答别人的话的时候就保持沉默,这是生活中一个很好的策略。

——毛姆《寻欢作乐》

【解读】

这段话说明了在处事中沉默的重要性。沉默代表的不是不说话的行为,而是一种面对事件时内敛谦逊的态度。沉默不仅仅是语言表达的停止,更是大脑深度思考的过程,在沉寂中实现自我沉潜,达到充实自我的目的。君子讷于言而敏于行,沉默往往也代表着说话更为谨慎。如今社会上很多人说话夸夸其谈,不着边际,最终往往难以成事。唯有将每件事做到实处,为人内敛而做事脚踏实地,才是我们应该追求的处世准则。

(全威)

> 天下有大勇者,卒然临之而不惊,无故加之而不怒。

——苏轼《留侯论》

【解读】

在这句话中,苏轼指出了勇者所应具备的胸襟:遇到突发事件而"不惊",被无故侮辱时"不怒"。

苏轼认为的"勇"体现在两方面。一方面是强大的心志,另一方面则是远大的志向。心志的强大可以让人不受外界变化而惊,临危而不惧,行事端正、问心无愧,且能力足以应对变局。勇者能以平和坦荡的心境面对突然而至的危险或责任,在绝境之中彰显其大无畏之姿态。

勇者志向远大,因而能忍一时之辱,明白"天将降大任于斯人也,必先苦其心志,劳其筋骨,饿其体肤"之理。此举又和"不患人之不己知"有相同之处,即君子重己身而轻虚名、德远扬而人自知,对自我德行有审慎的认知判断,不因外人评价而动摇。这需要一个积累沉淀的过程,平时自我严格要求、锤炼品德修为,具备了相应的能力,方能临危不惧,笑对谗言。

(闫若婷)

深厚的教养所集成的勇猛,远远胜过无知无情者的鲁莽。

——木心《哥伦比亚的倒影》

[解读]

勇猛之所以有别于鲁莽,在于一"勇"字。何为勇?鲁迅先生在《这样的战士》中说:"要有这样一种战士……在这样的境地里,谁也不闻战叫:太平。太平……但他举起了投枪!""勇"的本质不在于力量的大小,不在于对手是否凶恶。有高尚的目的,有普世济世的情怀,见不义而敢责,见不法而敢斥,由心中深厚的教养匡正辅导而产生的勇,才是所谓的勇猛。

(孙鹏勃)

> 宁做莽撞行走客,不当谨慎定居人。
>
> ——约翰·济慈

【解读】

诗人济慈的这句话,鼓舞着人们勇敢地迈向生活中的"不确定性",在可塑的未来亲手绘就独属于自己的人生模样。在不少人都向往着一份安定生活的今天,这显得尤为赤诚而可贵。

"莽撞行走",即在跌跌撞撞中探索出生命的更多可能。"谨慎定居"的选择使人固定在熟悉的领域内,虽无惊喜的出现,却让人因无比心安而感到满足。殊不知,打破这种既定,虽然会带给人未知的恐惧,却也淬炼着人的品格,拓宽着人的格局,引领人去拥抱崭新的生活。从"悟已往之不谏"而奔赴自己心灵王国的陶渊明,到"世界那么大,我想去看看"潇洒离职的女教师,他们在世俗的标准之下显得格外另类,却在自身层面上实现了个体的完满。或许,只有用智慧与勇气去不懈尝试每块碎片,人生的拼图才能完整起来。

当精神领域的"莽撞行走客"越来越多地出现在我们面前,这个世界会多一份灵动的生气,而少了些循规蹈矩、因循守旧的单调与枯燥。多元与包容成为普遍的共识,意味着社会对个人的温暖鼓励,人们才会去追逐更广阔的人生,不因虚度年华而悔恨、不因碌碌无为而羞愧。

(吕晓非)

第43周
周一

　　海纳百川，有容乃大；壁立千仞，无欲则刚。

——林则徐

【解读】

　　这是林则徐题写的一副对联，不仅对仗工整气势雄浑，还揭示出深刻的为人处世之道。

　　海之所以浩瀚博大，在于能涵纳百川细流。这恰如为人，应以广博的胸襟包容他人，方能不断充实自我，达到新的境界。北魏孝文帝拒绝民族对立，主动推进鲜卑汉化，主张兼容共存，为隋唐盛世打下坚实的社会基础，注入了新鲜的文化活力。只有在尊重的基础上容纳，自身才会日新月异，永葆生机。

　　高山挺立千仞之高，正因没有外物打扰。这又如为人，该斩断一切凡俗欲望，"养浩然之气"，才有可能实现更高远、更纯粹的人生价值。古往今来，多少官员在对财色的留恋中逾越底线、悲剧落马,多少商人在对利益的贪念中胡作非为、愧对他人……人的一生,是与"自己"不断斗争的过程。只有毅然决然地"破心中贼","人"字方能真正"立起来",养成无愧自我,无愧家庭,无愧社会的君子人格。

这是林则徐令人敬服的品德的真实写照,可谓言简义丰,文质兼美,发人深省。

(吕晓非)

# 把握当下

"你所浪费的今天,是昨天死去的人奢望的明天;你所厌恶的现在,是未来的你回不去的曾经。"这句话道出了"当下"的可贵,此时,此地,此身,它连接过去与将来,拥有正在支配的时间,把握正在进行的人生节点。按埃克哈特·托利在其著作《当下的力量》的观点,缓解生活压力的主要策略就是,无须纠缠过去,不要焦虑未来,而是让当下时刻成为生活的重点,内心就会平静,也能对事件做出正确的判断,进而采取更有效的行动。在这一过程中,要有意识地沉浸在生活情境中寻找你的生命,全方位去感受当下的环境,感受当下的力量,把握好每个"当下",也就连缀起了充实的人生。

无限的过去都以现在为归宿,无限的未来都以现在为渊源。

——李大钊《"今"》

【解读】

　　现在是宝贵的。我们无法抓住过去与未来,但我们的确可以抓住现在;现在也是最易丧失的,时间不停流淌,这一秒也很快成为过去。现在是过去与未来的衔接点,形成一贯相连的永恒性。过去汇聚于现在,又与现在一同流向未来。所有的现在都基于过去,而所有的现在又将成为未来的基础,当今的变动绝不消失,而必将遗留于未来。这便提醒我们,应当抓住现在,尽力让现在的时刻对未来产生积极影响。

　　这首先需要摒除两种对待现在的态度。一种是盲目的厌,一种是盲目的喜。前者厌恶现在,又分为渴望回到过去与期盼未来,后者对现在的一切满意,安乐无为。这些态度都不利于抓住现在,只会在虚幻中让现在溜走。但若是将这厌与喜稍作转变,借助对未来的企望,在此时付出最大的努力;真正了解现在的宝贵,能够以现在为基础,为将来做出努力,便能够利用好现在,造福未来。

(李欣雨)

第43周 周三

很多人目标远大,觉得只有当上CEO、迎娶白富美、走上人生巅峰,人生才真的开始,现在的生活还不叫"人生",只能算是在通往人生的路上。当我们这么想的时候,我们就把现在贬低成了实现未来的工具。但现在却是我们唯一真正经历和拥有的。

——岸见一郎、古贺史健《被讨厌的勇气》

[解读]

当人们将目光锁定在未来时,他们已经用未来将自己束缚。人生是连续的点,即人生由每个此时此刻组成。一些人为了所谓远大目标,将人生变成一条线,将此时此刻作为实现未来的工具而忽视了每个珍贵的现在,自以为奔向幸福实则丢掉幸福。现实中不乏有人认为"现在的生活还不叫'人生'"的人,这类人往往对未来没有清晰规划,囿于对未来模糊的幻想与盘算中,或欣喜或焦虑,陷入无益的自我消耗中,失去了生活的意义。这种幻想无形中束缚住了人在当下前进的脚步,也难以促成其目标的实现。相比过去与未来,现在才是我们真正能够把握的人生。人生如同一场旅行,过程便是目的。享受旅途中的每一缕风、每一束光,途中的每时每刻便在不经意间组成了人生,在人生的每时每刻我们已收获了幸福。

(李欣雨)

> 时间的步伐有三种：未来姗姗来迟，现在像箭一样飞逝，过去永远静立不动。
>
> ——席勒

【解读】

将时间维度拉成一条坐标轴，可以划分为"过去""现在"与"未来"三部分。"过去"被不断前行的我们甩在身后，无法修改。静立的过去，告诉我们无须过分沉湎旧事，因为再多的缅怀或懊悔都无法将我们带回从前，更不必说给予我们扭转错误、弥补遗憾的机会。人无法在时间轴上逆行，被延续至今的情绪，尤其是其中负面的部分，只会成为"现在"的负担。但也因"过去"是静立不动的存在，美好的回忆将会永存，我们随时可以重温被定格在记忆里的各种瞬间，从中汲取快乐与希望。

姗姗来迟的"未来"是无法立刻抵达的对岸，我们不能僵立在原地静等它的到来。当下的生活或充满着挑战与坎坷，或平静无趣如死水一潭,让我们不由得在脑海中幻想未来,甚至妄想着跳跃现在,直接前往未来。然而,"未来"并不是在远方等待着我们,它在我们有所行动之前,都只是虚影。"未来"由身处"现在"的我们创造,它依凭着我们当下切实的作为,一点一滴被赋予清晰而真实的样貌。"未来"究竟何时来,实则取决于我们如何把握当下。

  "现在"是时间推移的明显的证明。片刻晃神,现在就成为过去,我们被永不停歇的时间推着向前走。与其醉心过往或空想未来,不如珍惜"现在",珍惜我们有权操控的此刻。过去不能被修正,而未来尚且是泡影,唯独"现在"有用武之地。这份被我们牢牢抓在手里的机会无比珍贵,稍纵即逝。只有把握珍贵的现在,方能轻松地告别过去,成就从容的未来。

(雷玉佳)

> 人们总以为时间是一个小偷,偷走了我们所爱的一切。但,时间是先给予再拿走。每天都是一份礼物,每小时,每一分,每一秒。
>
> ——刘易斯·卡罗尔《爱丽丝梦游仙境》

【解读】

每个个体都拥有有限的时间,随着时间的推移,我们习惯的事物会变得陌生,我们的健康会每况愈下,我们深爱的人会告别离去。时间会带走许多我们希望能永远留存的人和事,无能为力的人们因此责怪时间的无情。殊不知,我们现今拥有的也是时间的礼物。

究其根本,"时间"这个人为的概念从设定之初就是人存在和发展的单位。我们并不拥有时间,我们拥有的是在每一个当下人生单位中作出一定选择的能力,当下就是时间送给我们的最好礼物。

(冯羽墨)

第44周
周一

我把表给你,不是要让你记住时间,而是让你可以偶尔忘掉时间,不把心力全部用在征服时间上面。因为时间是征服不了的,他说。基本甚至根本没有人跟时间较量过。这个战场不过向人显示了他自己的愚蠢与失望,而胜利,也仅仅是哲人与傻子的一种幻想而已。

——威廉·福克纳《喧哗与骚动》

【解读】

时间是永恒的客观存在,不以人的意志为转移。钟表的指针一直在前进,滴答滴答的响声惹得人心烦意乱,恨不得砸掉钟表,逃避时光。可惜,不论我们有没有表,承不承认时间的流逝,都无法改变时光飞逝、岁月如梭的事实。在漫漫的时间长河中,有几个人能留下自己的姓名呢?

那些我们仍旧熟知的圣人身影似乎已变得模糊不清,只留下一个姓名和几句语录。在朝代更迭中曾有无数人显赫一时,他们当中不知有多少人苦苦追求长生不老,最终又有谁成功了呢?不过是自以为是与自欺欺人罢了。如果把时间看作自己的对手,那我们恐怕永远不可能取得胜利。

但是,人有着生而倔强的求生欲,这让我们在漫长的斗争中执着地寻觅希望。表的作用不只是提醒人们时光的流逝,更是给予人们暂时忘记时间的底气,让人们能够专注于眼下的生活。时间无情流逝,但时间从未抛弃过我们,它存在于我们所能够把握的每时每刻。当我们全情投入于某件事物,迸发出生命的能量,忽略了时间的流逝时,时间会欣然赠予我们丰厚的回报。

接受现实,面对人生的有限,与时间和解,珍惜当下的时光,享受时光流逝时自己的付出,时间就会从冰冷无情的审判者变为温暖友善的引导者,陪伴我们一路成长为最好的自己。

(邓超)

人能够凝炼成一颗石子,潜伏见底,让时光像水一般在身上湍急而过,自己只知身在水中,不觉水流。

——杨绛

【解读】

流水不腐亦不复。时光的流逝恰似水之流淌,不为人、事改变或停留。石子潜于水底,"身在水中,不觉水流",正如有的人明明同样经受时光洗礼,却不觉光阴过隙。"身在水中,不觉水流",可以理解为一种状态,即心有所向的专注:沉浸于喜爱的事物,珍视每个可以全身心投入所向往的事业的"当下",醉心于投身其中所带来的精神享受,寻找灵魂的安处,不察觉时光的流逝。也可以理解为一种人生境界,持守自己的本心,恬然自适,不随流而动、随波逐流,对周遭的变化表现出相对的"钝感"。不论是专于特定的事业以期达到自我实现的境界,还是保持本我不受侵蚀,"凝练成一颗石子"的人生哲学都是可贵的。

(唐奕欧)

第44周
周三

我把我的信条叫作"三此主义",就是此身,此时,此地。一、此身应该做而且能够做的事,就得由此身担当起,不推诿给旁人。二、此时应该做而且能够做的事,就得在此时做,不拖延到未来。三、此地(我的地位,我的环境)应该做而且能够做的事,就得在此地做,不推诿到想象中的另一地位去做。

——朱光潜《谈立志》

【解读】

"三此主义"所说皆围绕"应为",即个人心中自己设定的"义务性"的科条:此身"应为",便应以此身承担,是对责任的领悟;此时"应为",便此时为,隐含着不追究过去、不推诿给将来之意,是对时点的把握;此地"应为",便于此地为,是对身处的种种社会环境的洞悉。

"三此主义"基于清晰的自我认知与对自身能力的判断,不是所有"应然"都要不分具体情况偏激地施行。基于"能为"的假设,"应为"才会转变为"应为尽为"。正如抛开能力和手段空谈将理念付诸实践,在践行"三此主义"时忽略对"能为"的强调并不可取。

面对"应为","三此主义"提供了一种"活在当下"的态度:着眼于当下,把握住当下,活出自我,实现自身价值。不论面对外界的法度规范、责任义务,还是自身的道德准则、理想信仰,都不妨采取"三此主义"泰然处之,及时行之。道阻且长,行则将至。

(唐奕欧)

## 求真求实

陶行知的"千教万教,教人求真;千学万学,学做真人"道出了教与学的真谛;鲁迅在概括写作方法时强调"有真意,去粉饰,少做作,勿卖弄",道出了表达须遵循的原则;党和国家更是把"实事求是""实践是检验真理的唯一标准"作为基本思想方法。"真者,精诚之至也",真实的力量远大于完美的力量,主要因为其反映了事物发展的客观规律,让人们依据规律做事成为可能,进而守住正道,去解决实际问题。真理常常是朴素的,远不及虚假那么华丽,纵观历史,人们苦"假大空"久矣,形式主义、好大喜功、欺下瞒上、粉饰浮夸……这些不良风气给社会带来了极大危害,所以,需要我们去伪存真,激浊扬清,固本守源,久久为功。

文人最难戒的毛病是卖弄。说句公道话,文字本身就诱惑他们这样做。他们惯于用文字表达自己,而文字总是要给人看的,这就很容易使他们的表达变成一种表演,使他们的独白变成一种演讲。他们走进文字如同走近一扇面向公众的窗口,不由自主地要摆好姿势。有时候他们拉上窗帘,但故意让屋里的灯亮着,以便把他们的孤独、忧伤、痛苦等等适当地投在窗帘,形成一幅优美的剪影。即使他们力戒卖弄,决心真实,也不能担保这诉诸文字的真实不是又一种卖弄。

——周国平《周国平文集·第一卷·真实》

【解读】

　　这段文字主要批评了文人写作的"卖弄"问题。写作上的"卖弄",是不自然地抒发情感、叙述事件或表达观点。周先生从文字的传媒功能出发,点出了"卖弄"源于文字向公众输出,即源于"表演"。当文人被"表演""展示"的心理左右,他的思考和表达就不再以自己为出发点,而是以公众为最终目的,于是,满脑子想的都是怎样让"他人"体会到他的孤独、忧伤、痛苦,不再是为自己而"记录"。这便是周国平所说的"走向窗口""摆好姿势""形成优美的剪影"。这种表演其实是很累的,磨蚀了"有感而发"的自由和畅快,丢掉了原始又清澈的本真情感。这些文人以为自己足够真诚了,抒发了自己精心打磨的"肺腑之言",可当他们为了真诚而真诚的时候,这真诚中反而平添了做作的成分,这是文人的尴尬。然而,但凡要发表或展示的文字,大到待出版的书,小到一条较为正式的朋友圈,文章都极难做到绝对真实与真诚,难免受制于文化或身份等条件的限制而带有"卖弄"的成分。最纯粹朴实的表达,大约只存在于私密性很强的日记里吧,我们只有尽可能地接近真诚。我想,什么时候我们的表达如同呼吸一样自然,不刻意去感动自己或感动他人了,就是我们真正摆脱表演、达到真诚了。

(李楚若)

作家绝不要相信自己是天命的教导员,作家应该贡献自己的迷途。

——史铁生《病隙碎笔》

**【解读】**

合格的写作者应是真诚谦虚的。真诚谦虚的前提,在于对思想迷途、作者与读者的关系和作品功用有合理认识。要辩证看待思想的迷途,发现它对他人思想的启发性,不能一味否定其价值,更不可将它片面看作一个人的弱点与不足。要正确认识作者与读者的关系,两者之间应相互尊重、平等沟通、多加包容,方能实现共同的思想进步,这是理想的境界。要合理评价作品的功用,做好获得不同反馈的思想准备。有以上认识,才会在写作时有正确的态度。

将自己尚待完善的思想成果呈现在作品中,真诚地贡献出自己的"迷途",以期启发他人之思考讨论,方能相互促进、升华思想。面对异见与建议,有闻过则喜的精神,谦虚、平等地与读者沟通,方能避免个人的思想落入窠臼、故步自封,实现思想的不断进步。居高临下,以自己的作品为"王法",容不得一点指摘与反驳,这便是自我封闭,使文章的启发性与思想性大打折扣。

(殷嘉仪)

第45周
周一

　　真诚是一种勇敢坦诚的生活态度,它是我们思想和行动的出发点和归宿。

——毕淑敏《恰到好处的幸福》

【解读】

　　真诚一定如水晶般透明晶莹。然而现实生活中,我们往往越往前走,越忘记了开始的坦率单纯,戴上了面具而不自知。毕淑敏说:"真诚是一种勇敢坦诚的生活态度,它是我们思想和行动的出发点和归宿。"没有人喜欢戴着虚假的面具生活,更不会希望与人交往时对方戴着面具。所以,我们应该偶尔停下匆忙的脚步,重新拾起那曾被舍弃的、真诚坦荡的微光。

(张锦茜)

> 人的思维是否具有客观的真理性,这并不是一个理论的问题,而是一个实践的问题。
>
> ——马克思

**[解读]**

思维的真理性是指思维与客观物质的一致性、符合性。检验思维的真理性,就是检验人的思维是否同客观对象相符合以及符合的程度。唯物主义把世界的本原归结为物质,主张物质第一性,意识第二性,意识是物质的产物;唯心主义把世界的本原归结为精神,主张意识第一性,物质第二性,物质是意识的产物。马克思主义认为实践是人类能动地改造世界的客观物质的活动。实践是客观世界与主观世界的桥梁。只有实践才能获得感性知识,进而上升为理性知识。只有实践才能把思维同客观物质联系起来加以对照,从而判明思维与客体是否一致,证明思维是否具有真理性。

(郭咏涵)

第45周
周三

　　事情永远是这样：人越靠近真理，他就越单纯，越容易理解。

——契诃夫《契诃夫论文学》

[解读]

　　季羡林先生说，"人世间的真理都是明白易懂的，可是，芸芸众生，花花世界，浑浑噩噩者居多，而明明白白者实少"。父母从小告诉我们，做人要善良，要诚实；要有理想，要肯付出；要心怀感恩，要孝敬长辈；要爱别人，要宽容……我们无须经过怎样的尝试和探索，即可理解，这些都是再简单不过的真理。

　　可是，有时候我们"历尽千帆，归来不再少年"，在重重的不顺利、现实的压榨和不尽如人意面前，我们被伤害，变得不再单纯，否定了曾经让我们觉得美好的、充满希望的世界。也有时候，一个阅历越多、年纪越大的人，就越单纯、越可爱。两者的区别大概在于，前者因痛苦、悲伤的情绪而"一叶障目"，将自身受到的伤害不合理地放大,以至于扭曲了眼中世界的样子;后者则因理性而富有温情,平静地面对坦途和坎坷,"看清了生活的真相却依然热爱它"。

的确,世界不可能是完美的,不幸、痛苦和罪恶永恒存在,但与之相伴,善良、宽容和爱也一直存在,而我们始终坚信,这是支撑人类社会绵延不断向前发展的深沉的力量。当人们学会爱,让阳光照进心里,乐观地面对未知,我们也许会发现,一切都不像我们想的那么复杂。努力了就会在未来的某一刻让我们闪闪发光;学会自爱就学会了爱这个世界;善良和诚实的人会拥有幸福的人生,会给别人带来温暖;一切都并非完美,未来也不可能一路平坦无碍,但心怀希望的人终究会慢慢收获沿途的风景。

写给每一个或者迷茫或者难过的你,写给高三的自己——世间的真理都简单易懂,简简单单地做事,简简单单地生活,做一个"精神明亮的人"。

(申若昀)

# 理解幸福

所谓幸福,就是期望值得到满足,也就是人对自己达到目标或满足需要产生的心理状态。幸福是主观性很强的心理体验,而非绝对标准,正所谓"我的幸福你永远不懂",所以这个世界上既有幸福的平民,也有苦恼的权贵。

人身上有本能避险的动物基因,所以我们往往警觉于险境与灾难,为自己平添许多远虑近忧,却忽略了驻足体味一下幸福与满足。

著名评论家别林斯基曾说:"任何伟大的诗人之所以伟大,是因为他把自己痛苦和幸福的根子深深地扎进了社会和历史的土壤,他是社会、时代、人类的器官和代表。"高尚的幸福观,将个人的幸福与人类的命运紧密联系起来,"让他人因我的存在而感到幸福"。

第45周 周四

世界上有这样一些幸福的人,他们把自己的痛苦化作他人的幸福,他们挥泪埋葬了自己在尘世间的希望,它却变成了种子,长出鲜花和香膏,为孤苦伶仃的苦命人医治创伤。

——斯托夫人《汤姆叔叔的小屋》

【解读】

　　一个人得到幸福是易事，然而心怀世人、化作春泥更护花却是极难的。如何界定幸福？幸福可以是个人之福，小家之乐，而更为崇高的，应当是家国之幸。在残酷的现实面前，有的人选择自我保全，有的人则选择以自身奉献来滋养万千大众。我们不可说前者是错误的，但我们更应该褒扬称颂后者。个体生存在社会中，时刻与他人紧密相依，不可割裂，个体的价值，也唯有在"他人"组成的社会中方能实现。奉献自我来换得他人的幸福，传播希望，才能真正彰显个体作为社会中一员的价值。面对突如其来的疫情时，无数医护人员挺身而出，以自己的身躯筑成一道道坚实的墙，拯救着生命，为人们送来光亮；无数扶贫干部、乡村教师，他们牺牲了繁花似锦的生活，扎根在大山原野之上，无声滋润着大地；更有无数仁人志士为国家之振兴前仆后继、奋不顾身，他们的呐喊回荡在人间，在百年后成长为郁郁葱葱的参天大树。他们都是幸福的人，他们为天下大众、家国大义而奋斗、奉献乃至牺牲，将自身化作甘霖滋润他人，他们成为山峦和种子：他们的身躯无言地、沉稳地伫立在世间，以最崇高的身躯为他人遮挡风雨；他们的精神隐入泥土，在千百年的延续中生长出鲜花和树荫。

（闫若婷）

第45周 周五

　　上帝从来不对任何人施舍"最幸福"这三个字,他在所有人的欲望前面设下永恒的距离,公平地给每一个人以局限。如果不能在超越自我局限的无尽路途上去理解幸福,那么史铁生的不能跑与刘易斯的不能跑得更快就完全等同,都是沮丧与痛苦的根源。

——史铁生《我的梦想》

[解读]

　　史铁生最喜欢并且羡慕的人就是短跑名将卡尔·刘易斯,他认为拥有如此健美躯体的刘易斯是世界上最幸福的人。可是直到刘易斯在一场比赛中失败,短跑纪录被别人打破,史铁生发现曾经认为"最幸福的人"也如此不幸。他意识到每个人都是有局限的,正因此,每个人也都有各自的不幸。幸福不是任何可以供人评判与比较的硬性指标与外在条件,幸福是人类不断超越自我局限的无限征途,是面对永恒困境的挑战与不屈。

认识幸福,也是认识的过程,生命体验才是幸福的泉源。若只是直奔结果,幸福的结局未尝不等同于无聊与虚无。

西西弗斯在众神的惩罚下做着看似无望无效、不幸的事情,然而加缪又说"向着高处挣扎本身足以填满一个人的心灵"。在西西弗斯眼里,自己就是最幸福的人,幸福是私密的情感体验。坚毅的心灵可以抛弃世俗标准,超越磨难,从痛苦中获取更深刻的幸福。

(金禧艾)

第46周 周一

在皓月当空的良宵,提醒会走出来对你说:注意风暴。于是我们忽略了皎洁的月光,急急忙忙做好风暴来临前的一切准备。当我们大睁着眼睛枕戈待旦之时,风暴却像迟归的羊群,不知在哪里徘徊。当我们实在忍受不了等待灾难的煎熬时,我们甚至会恶意地祈盼风暴早些到来。

——毕淑敏《提醒幸福》

【解读】

"暴风雨将来临"是人们凭借一定的依据做出的一种预判,有时是一条可信度较大但一般又无法做到绝对精准的信息,有时只是人们根据自身经验而产生的猜测。

人们常被"提醒"裹挟,而"不幸似乎是提醒的专利",比起一些积极的信息,我们更在乎的是一些消极的预判。刻意降低期望的心理使我们对积极信息仍持一份怀疑,忧患和求进步的生存意识使我们对消极的信息持有十二分谨慎。未雨绸缪固然是好的,但过度的警惕便容易使重心偏移。预防变为了等待,本该好好享受的时光被焦虑消耗,情绪也陷入泥潭……这对人们的伤害有时比消息本身更甚。

我们过于注重自己警觉苦难,我们太忽视提醒幸福。"在做好必要的准备后,便应摆脱"提醒"的束缚去关注那些确定的美好,毕竟"提醒"的初衷也是为了幸福能够平稳降落。以平和之心面对未知,以积极态度体验幸福,相信"风暴"即便来临也终会化为一道"彩虹"落入心间。

(施念希)

第46周
周二

"永远快乐"这句话,不仅渺茫得不能实现,并且荒谬得不能成立。快乐的决不会永久;我们说永远快乐,就好像说四方的圆形、静止的动作同样地自相矛盾。

——钱锺书《论快乐》

【解读】

以现实主义的眼光看待人生与世界,人生中的迷茫困惑、痛苦纠结、不安定与不明白太多,而人与事的美好往往稍纵即逝,且有盛筵散后的悲伤。"世事多艰,人生常苦"反映了在人生的追求与世事的不确定性之间的矛盾、人欲望的无限性与现实资源有限性之间的矛盾。因此,长期存在的必将是痛苦而不是快乐。

仅从快乐本身的形成机制来看,快乐是一种以激素分泌对外界刺激作出反应的短暂生理现象;不论持续时间长短、频率高低,快乐归根结底是一种暂时状态而非永久状态——是"瞬间性"而非"持续性"的。跳出快乐与痛苦等人类情绪体验的小圈子，宏观的物质世界和人的精神世界本就是绝对运动的，"唯一不变的唯有变化本身"。我们不能期望让暂时成为永恒。试想，若是人生的每一分一秒都洋溢着快乐，那么人又如何在缺失对照的情况下长久感知和享受"快乐"呢？根据边际效应递减原理，永恒的快乐最终不过也是无期徒刑，只是换了一座新的监狱罢了。

钱锺书先生还感叹："要永恒，你该向痛苦里去找。"我对此持有异议。快乐不能永恒，痛苦就能吗？痛苦相对于快乐的所谓"永恒性"，不过是由于大脑在处理新鲜和快乐事情时会感觉时间过得更快而已，人类趋利避害又擅长怜悯自己的本性也在心理上延长痛苦而淡忘快乐。我以为真正永恒的只有人类自身的种种矛盾：追求幸福快乐与快乐本身短暂性的矛盾，人生有限与对于永恒的向往的矛盾……痛苦根源在于矛盾双方间纠结、试图寻求解答，然而矛盾永恒却不意味着痛苦永恒——或许真正的永恒就存在于不断探索认识这个世界，不断试图与这些矛盾和平共处乃至解答这些问题的过程中。

（冯羽墨）

我能拥有告别时会痛彻心扉的东西,是何其幸运。

——艾伦·亚历山大·米尔恩《犯罪心理》

【解读】

古人云:"叹人生,不如意事,十常八九。"此言确有其合理性。毕竟人生在世,总未见得事事如意。但换一个角度来看,遗憾是否能占据十之八九呢?倒也未必,比例如此之高,焉知不是因为人们习惯着眼于遗憾。人性的局限让我们习惯于一面渴求未曾得到的,一面又将所拥有的视作理所当然、拒绝接受失去曾经拥有的事情。诚然,物质有其客观性,我们无法用主观的力量去否定客观,但很多时候,转换视角仍能使我们有豁然开朗之感。

面对人生中无数的告别,何必只看到遗憾——至少失去,说明曾经拥有。能拥有值得珍惜之物,已是一种幸运、一种幸福。不妨再将时间轴回拨,在失去之前,意识到如若失去会怎样痛彻心扉,即使不能改变最终的结果,至少不必因曾经的不珍惜而懊悔。

(唐奕欧)

第46周
周四

> 你已经拥有了你想要的东西,只是你感受不到它的存在而已,因为你的思维产生了太多的噪声。
>
> ——埃克哈特·托利《当下的力量》

【解读】

面对已经拥有的"想要的东西",我们感受不到其存在的本质原因实则是因为内心深处的不满足。欲望的沟壑无法填满,我们所拥有的最终也被掩埋在了欲望无尽的深沟中。

"思维的噪声"可能是什么?也许是"想要"变成了更加迫切的"需要"和"必要";也许是站到了更高的平台拥有了更多、更奢侈的追求;也许是"某人得到的比你更好"等一些世俗化的比较。将其定性为"噪声"体现了不满和不幸福感的消极性质。

然而,学会感受到自己所拥有的东西并非是停止努力或自暴自弃,而是学会珍惜自己所拥有的,从而产生对幸福感的深入理解。学会满足、不被思维的"噪声"干扰,也是一种难能可贵的能力。

(沈昕)

第46周 周五

财富、技术和享乐的疯狂发展很可能是幸福的错误替代物,它们把人们的思想引向生活的细枝末节,而掩盖了最要命的根本问题,即人的幸福和人类的命运。

——赵汀阳《论可能生活》

【解读】

生而为人,什么重要?概括而言,不过"幸福"二字。我们奋斗,因为奋斗过程的充实感令人幸福;奋斗带来的结果可能增添"幸福"……但"幸福"与"快乐"并不等同,幸福是高层次的"快乐",是生命本真的涤荡、灵魂深处的颤动。所以人们在感知幸福的路上应该不断完善自己的审美体验、观照内心的充盈需求、提升生活的价值意义,而不是裹挟于时代洪流中,成为被动的信息处理器,失去生而为人的主观感知力。同时,幸福感的一大来源在于奉献,现代社会这样强调个人利益和个人快乐,以至于损害了幸福,而之所以失去幸福,是因为没有人打算给予别人幸福,也就没有得到幸福,每个人都欠着别人的幸福。愿你我都能透过"生活的细枝末节"拥有幸福。

(张琳笛)

# 追求自由

自由,有若干含义:比较肤浅的认识是,无拘无束,不受限制,就是自由,当然这也是无法保障的自由,最终必然走向混乱无序;指向自由本质的是其哲学层面的含义,指人对事物的认识和对客观世界的改造。这一表述内涵层次比较丰富,首先表明了目的,即认识自然和改造世界;其次是行为取向与方式,即"认识""改造";再就是表达了人的主动意愿。卢梭说:"人生而自由,却无往不在枷锁之中。"如何卸除束缚自由的枷锁?卢梭给出的路径是——社会契约。其实,除去社会层面,主体作用也很重要,自由不能通过更换牢笼获得,而是要扩大认知,打破"心墙",掌控命运的主动权。从积极心理学上来讲,主动即自由,主动去选择,主动去改变,主动去自律,宠辱不惊,进退自由,便得人生"大自在"。

第47周 周一

人获得自由,究竟意味着什么?青豆常常如此自问。难道就是从一个牢笼里巧妙地逃出来,其实只是置身于另一个更大的牢笼吗?

——村上春树《1Q84》

【解读】

人们对自由的认识是阶段性的。起初,自由是时空限制的松弛:相比于寄宿,走读是自由的;相比于上课,自习是自由的……这种"自由"无不体现在自主可支配时间的充裕与可调动空间的充足,建立在不同状态的比较之上,被动得出结论——"相比于先前,我是自由的"。可往往建立在比较基础上的东西也经不起比较,因为它缺少一个明确的标准,因此一个人不论拥有多充裕的时间、多充足的空间也不敢更不能说自己是自由的。所以,当我们没有一个标准而在比较与限制中谈自由时,我们被动得来的自由,实际上是没有意义的。

那么何为真正的自由?其核心便是有一个明确的标准。既然外界无法界定,那么答案只能向内源寻找,获得一种"主动自由"。真正的自由是心灵上的自由,是"随心所欲不逾矩"的淡然,是"以形为心役"的洒脱。心灵的自由包括却不仅限于做好自己,不畏世俗,这是一种心灵上的跷跷板,要求我们在外界的时空限制与自身的欲望需求中找到一种难得的平衡,从而获得一种超然而满足的心态。那时,我们眼前的"牢笼"便会消失不见,我们的"世界"才会宽广无边。

(赵尚玟)

人类有政治的高墙,有宗教的高墙,有民族的高墙,更多的墙在自己身体里,伦理的高墙,道德的高墙,习惯的高墙,自以为是的高墙,像布组尔《自由的幻影》电影里的隐喻,人类其实并没有"真正的自由"。自由的时刻,可能是我们意识到有墙挡住的时刻吧,从来没有感觉到自己外围有墙,也绝无法知道什么是真正的自由。

——蒋勋《池上日记》

[解读]

此处的"高墙",可以理解为局限性。社会的伦理道德准则、个人的思维定式与习惯都影响着我们的一言一行,也于细枝末节处束缚着我们。我们几无摆脱这局限性的可能,甚至难以觉察这局限性的存在,因此我们不可能获得无边无际的"真正的自由"。

　　清楚地感受到局限性对我们的影响——如同抓住垂入井中的绳子,抑或是抓住爬出井口的唯一机会,是扩大自由度的前提。见识到洋枪洋炮的杀伤力,我们才意识到中西国防军事力量的悬殊差距,意识到封建伦理纲常对社会的束缚性与危害性,才对民主、平等与自由产生向往,并躬身入局,为之奋斗。

　　墙始终在那里,但感受到墙的存在——这一"觉醒"的过程,却经历了漫长的历程。所以说,意识到"有墙挡住"的时候,是我们靠近更高自由度——"真正的自由"的时候。

(殷嘉仪)

**第47周 周三**

我心里忧伤,只有那求自由的愿望也成了羁饰,你们不再以自由为标杆、为成就的时候,你们才是自由了。当你们的白日不是没有牵挂,你们的黑夜也不是没有愿望与忧愁的时候,你们才是自由的。不如说是当那些事物包围住你的生命,而你却能赤裸地无牵挂地超腾的时候,你们才是自由了。

——纪伯伦《先知·沙与沫》

[解读]

小隐隐于野,大隐隐于市。自由是一种状态,更是一种心境,真正自由的人不苟求于外界压力的减少、事物约束的松弛,而是从改变自己看待事物的方式出发,坦然接受生活中种种看似"不自由"的事情,能够在同样的外界环境下收获一份更平和、更坦然、享受生活、感知美好的自由心。

(张琳笛)

## 克制欲望

苏格拉底当年走在摆放着琳琅满目商品的大街上,他惊叹道:"这个世界上,竟然有这么多我不需要的东西。"当多数人以占有更多商品为欲求时,苏格拉底却早已把思想启蒙和时局批判的重任扛在肩上。可见,欲望的克制,不是简单地压制欲望本身,而是拥有更高的追求和境界,正如除掉荒草的最好办法,不是让除完草的土地荒着,而是种上庄稼。

欲望很难单独存在,它像病毒一样,不断寻觅"宿主",所以人常常毁于自己沉溺的东西,也就是为欲望所吞噬。欧阳公早就警示世人——"智勇多困于所溺",智勇者尚且如此,何况庸人?

"花未全开月未圆",凡事讲求"度",追求富贵,无可厚非,但若执着于此,见利忘义,欲望膨胀,不择手段,极易走上不归路。欲望,管理好了,是人生前行的动力;管理不善,就是人生的陷阱。

奢侈品史上常有这样的情况,就是原本的奢侈品往往最后会成为必需品,而且带来新的义务。等到习惯某种奢侈品就开始认为这就是天经地义。接着就是一种依赖。最后,生活中就再也不能没有这种奢侈品了。

——尤瓦尔·赫拉利《人类简史》

【解读】

奢侈生活的背后往往是陷阱。种种想让生活变得轻松的努力,反而给人类带来无穷的麻烦和新的义务,比如对金钱的狂热,对面子的追求……我们的欲望和无尽的需求让我们一步一步跳进这个陷阱。在我们的生活中,奢侈生活的陷阱无处不在,集中表现为对金钱无尽的追求。我们为了得到眼前的利益,比如得到更高的工资、更多的利润,有些人不惜透支自己的身体健康,没日没夜地工作,有些企业也不顾环境,大肆开发砍伐,到头来,我们又能得到什么呢?我们能改变的就是自己,去探索自己本身的价值,去探索生活的意义,不要被眼前的利益局限,不奢侈的生活同样丰富多彩。

(战果)

在一个奢华浪费的年代,我希望能向世界表明,人类真正需要的东西是非常之微少的。悔恨自己的错误,而且力求不再重蹈覆辙,这才是真正的悔悟。优于别人,并不高贵。真正的高贵应该是优于过去的自己。

——海明威《真正的高贵》

[解读]

海明威所处的"奢华浪费"的年代,是美国资本主义经济繁荣而国民精神空虚、道德堕落的年代。而海明威指出,人类真正需要的东西是非常微少的,这点明了人们的虚荣与奢侈,在物质的浪潮中迷失了自我,造成了大量的浪费,在无意义的过度物质追求中造成了自我的损耗。

许多人并非没有意识到这一点,只是在心中悔恨自己的错误,不断无谓地责备自己,而不真正做出改变,使自己陷于自我厌恶的泥潭,进而于悔恨中落入更深的物欲深渊,一边自我唾弃,一边进一步沉溺于物质而使自己的精神日益空虚,这并非真正的悔悟。就如同我们与拖延症的斗争一般,在拖延中焦虑,在焦虑中不断拖延,最终于事无益。

你过去所犯的错其意义在于指引你,而非定义你。面对过错,我们没有必要使自己沉浸于痛苦之中,无形中对自己形成负面定义,而应冷静下来反思自我、认清自我,从过错中汲取经验与教训,力求不再重蹈覆辙,引领自我的提升,实现更高的自我,达到真正的高贵。

(李欣雨)

第48周
周一

人心隐藏着整个世界的败坏,我们每个人心中都藏着一个张三。

——罗翔

【解读】

"张三"一直是罗翔老师讲述的案例中一个法外狂徒的代名词,无恶不作,在我们听罗老师以张三举例时,我们都对张三的行为嗤之以鼻甚至觉得张三愚蠢得令人发笑。但我们有没有想过,我们的内心或许也存在一个张三呢?

人心隐藏着世界的败坏。人区别于动物的一个方面在于人是拥有欲望的,这是人的天性。每个人都会对向往的事物拥有私欲,这种私欲无法得到有效满足时程度会进一步加深,甚至产生一种恶欲,会让我们拥有通过不正当手段满足欲望的冲动。同时,我们不可避免地会接触到社会生活的方方面面,其中不乏人性的阴暗面。这些社会的阴暗也会积累在我们的心里,我们也可能受到其负面影响。张三是社会阴暗面在心理上的一个物化，张三的出现或许难以避免，但我们要把张三藏在心中，更要把张三关在心中严加约束。我们需要克制自己的欲望，不能让自己的意志被欲望利用，让自己明辨是非曲直。在与他人交流时，我们要用爱去呵护他人，拥抱世界。

正如罗翔老师所说："如果能够成为一束光，就能照亮周边的人，而周边的人被照亮，你自己也被照亮。我们无法成为伟大的人，我们只能心怀伟大的爱做细微的事。"

（战果）

真理被淹没在无聊琐碎的世事中,人们在汪洋如海的信息中日益变得被动和自私,文化成为充满感官刺激、欲望和无规则游戏的庸俗化,我们将毁于我们热爱的东西。

——阿道司赫胥黎《美丽新世界》

【解读】

赫胥黎大胆想象了一个科技高度发达的未来世界。在那里,所谓的"主宰者"为构建稳定社会,运用技术将原始感官刺激贯穿了人们的一生,令所有人安于现状,满足于低级趣味,缺乏质疑与反叛精神。这在讽刺黑暗现实的同时,也给我们敲响了警钟——要时刻保持清醒与独立思考的能力,不要沉溺于无度的享乐之中。

(张智涵)

# 成长旅途

成功,更多是外部定义;而成长,却是人内心对自己的认可。要保持内心宁静、目标坚定,"不戚戚于贫贱,不汲汲于富贵",把注意力集中到自己的成长中来,正如福克纳所说,"别只追求胜过同辈或前辈,要设法胜过你自己",不断超越自我,"日知其所亡",慢慢就获得了真正的成长。

人很难独自完成成长,要有意识地制造和珍惜引发成长的契机,就像著名设计师山本耀司说的那样,"自己"这个东西是看不见的,撞上一些别的东西,反弹回来,才知道"自己"是什么。这一过程包含自我体认、发现、反思、完善……符合成长的内在规律。

人生是"现场直播",无快进,无倒回,无暂停,"一镜到底",所以精彩的人生,必须保证每一帧画面的质量,每一时段对应的内容,从这个意义讲,人生又是精密工程,需要打起精气神,认真对待。

第48周
周三

　　成熟是一种明亮而不刺眼的光辉,一种圆润而不腻耳的音响,一种不再需要对别人察言观色的从容,一种终于停止向周围申诉求告的大气,一种不理会哄闹的微笑,一种洗刷了偏激的淡漠,一种无须声张的厚实,一种并不陡峭的高度。

——余秋雨《黄州突围》

【解读】

　　苏东坡被贬黄州,难言的孤独使他洗去了人生的喧嚣,进行了诚恳的自我剖析,他体味着自然和生命的原始意味,渐渐回归于淡泊与静定。灾难之后,他经历了一场整体意义上的脱胎换骨,与自己、与世界达成了和解,走向了真正的成熟。

　　从心理学角度来看,一个人成熟的标志是能以更多元、更综合的视角看待世界,对他人具备更广泛的同理心,并认知、接纳、善用更为复杂的自我。成熟者有较高判断力与独立自主的底气,无须刻意察言观色便能以不卑不亢之态与他人相处;成熟者内心坚韧,有自己的价值判断,无须申诉求告便能将诬陷与恭维轻轻拂去,使之不乱己心;成熟者看事、看物角度全面、立场客观,对外界不合理之处并非一味苛责或悲观视之,而是批判意识与建设心态并存,对不合意之处并非求全责备或放任自流,而是进步眼光与包容态度并行。

(黄雨奇)

人皆无可避免地被逐出曾经活过并抛在脑后的岁月,被迫告别曾经相识却永恒失落的往昔自我。

——肯恩·格林伍德《倒带人生》

【解读】

时间永远滴答不停,但是我们的生活却不是线性的。个人的回忆、民族的传统、相对固定的人生阶段和千变万化的时代机遇,都使得成长轨迹蜿蜒曲折,所以当外界环境要求我们进入下一个阶段的时候,人们有时却会在对过去的留恋或是懊恼中徘徊不前。

不过,这句话告诉我们,懊恼是没有必要的。"人不能两次踏进同一条河流",即使能够重来,彼时彼地的心境和情境不一样了。已知的回忆相比于未知的将来总是给人更大的安全感,但我们却需要挣破温暖的蚕茧,走出舒适的圈子,才能够更新自我。

基于这个陈述前提,就应该去拥抱未知的世界和更好的自己。我们应该以动态的眼光和行动看待、对待人生,和未来的自己站在一起。

(洪昕悦)

> 青年人急于成为大树，而内在本质的坚硬与否便来不及去顾及，一刀砍下去，便是断了。

——三毛《少年愁》

**[解读]**

随着经济发展速度的加快，人们的生活节奏也随之变快，焦虑逐渐成为现代人共同面对的问题。为了不被时代抛弃，我们就必须得赶上时代的步伐。但是有时候不妨学会慢下来，仔细感悟生命中的美好，或许更有利于我们在未来走得更稳、更快。有时候太过急躁，反而会忘了充盈自己的内在，又或是急于修饰自己的外表，让自己成了一个空壳子。相较于外在，我们更应注重于内在的修炼。

（连悦怡）

你的错误不是你对生活所知甚少,而是你知道得太多了。你已把童年时期的曙光中所拥有的那种精美的花朵,纯洁的光,天真的希望的快乐远远地抛在后面了。

——奥斯卡·王尔德《王尔德狱中记》

【解读】

小孩子往往希望快些长大。但在我们走向成熟的过程中,却总是无意识地丢失掉童年的本能。我们开始学会欺骗,戴着有色眼镜审视世界,着迷于金钱与名声。儿时纯洁的眼神,童稚却真诚的话语逐渐消逝,最终走向平庸与低俗。用孩子的眼光观察世界或许并不全面,但这可以使人充分感受世间美好宝贵的事物,体会自然世界的快乐、甜美、纯洁。童真的孩子是富有的,因为他们拥有人类宝贵的精神财富。

(黄尚文)

第49周
周二

一个人只要学会了回忆,就再不会孤独,哪怕只在世上生活一日,你也能毫无困难地凭回忆在囚牢中独处百年。

——阿贝尔·加缪《局外人》

[解读]

这里的回忆,是指从曾经的回忆中获得直面现实苦难的勇气,在经历过的一点一滴中汲取沉稳、冷静和乐观,站在过去的土地上展望更为辽阔的未来。

回忆能将一个人从低谷拉起。见过的、经历过的每个人物在你的沮丧之时都会浮现。苏轼告诉我们在遭受不公时仍要豁达乐观,在"哀吾生之须臾"的慨叹中要有物与我皆无尽的领悟;鲁迅高声呐喊,警醒我们高举手中还未熄灭的火炬,不应自闭于铁屋之中自甘堕落而不知。回忆也让我们更加坚信未来的光明。过去的美好像是夜空中不时闪烁的繁星,让我们有所期待,有所追求。

当然,面对回忆,我们也要警惕被穿有糖衣的美好过往欺骗,以致沉溺其中,躲在自己臆想的乌托邦中无所事事。我们回忆,正如飞行器,是为了借力飞往更远处,如果被其捕获,则适得其反,最终反被撕碎吞噬。

(杨昀博)

> 人生到处知何似，应似飞鸿踏雪泥。泥上偶然留指爪，鸿飞那复计东西。
>
> ——苏轼《和子由渑池怀旧》

【解读】

人生四处奔走或像飞鸿踏雪，在片刻驻足后继续高飞、不再回首，唯有爪印留在原地；风雪亦将爪印盖住，一切似乎荡然无存。我想苏轼的这番感慨并非一种积极或消极的态度表达，只是对人生状态的客观描绘：人无法一直遨游于高空、无法在一个片段长驻、无法留下永不磨灭的深刻印迹。

我们的心在向往着诗和远方，所进行的却只是无法全然离地的飞行。主动或被动、犹疑后的懊悔或偶然的欣喜，一个个人与一个个事件节点相遇，历经了自己的人生轨迹。

当然，这些节点不过是瞬间罢了，曾经的足迹也不会再复现了。就像时间在逝去的同时也在与我们自身融为一体，一切经历虽无法以外显的形式固存,却在心底成为我们的一部分。生命本身正是一连串独立的片刻,所遇者如意也好、失意也罢,都是自己的体验;大多心绪被堆积在心里的一角,又在思维情感的跃动和四处磕碰中随时准备浮现,甚至显现笃定的意义。转瞬即逝是遗憾,但正因要一直向前、要飞往更广阔的天空,才不能止于重温往事,成为一个片段的囚徒。所以即便有时像被一种令人恼火的力量执鞭往前赶,仍能够庆幸于眼前路的一望无边。

若连拍三夜雪地之景,大概会发现那么多小鸟来来去去,小脚印接踵而至、相互叠加、轮流经历被镌刻又被淹没的过程;若用镜头俯瞰人间,大抵也会望见那么多小人儿跌跌撞撞,不时遭遇出奇一致的困窘颓唐,却又各自坚定地启程、奔走在自己的道路上。生命的共性包括不确定性下的无力和宇宙宏观周转中的渺小,却也涵盖无数确信的间隙并书写自我的感动。我们都是天地间蜉蝣,但却是有故事的蜉蝣,且正是古往今来无数"我们的故事"一同流淌在大地之上。或许少有人被凸显、被铭记,但每个生命的力量都在不断地流溢、不断地追求,创造出形形色色的平等自我,并用共通的热爱为天空注入阳光。这就够了。

(刘沐晴)

第49周
周四

我们准备着,深深地领受,那些意想不到的奇迹。在漫长的岁月里,忽然有彗星的出现,狂风乍起。

——冯至《十四行集》

【解读】

生而为人,有人在历经世事后变得消极埋怨,认为生活的真相是残酷的、平凡的、普通的、枯燥的、无味的;但有人却能够用诗意的眼光面对同样平凡的生活,以心境对抗逆境。正如海德格尔所说的"人,诗意地栖居在大地上",也如尼采所说的"纵使人生是一幕悲剧,我们也要把它快乐地演完"。希望我们都能够在"漫长的岁月"中,永远像孩童一般,始终对未来有美好的期许,向往阳光,坚信"彗星"总有一天能够出现,照亮天空;也希望我们能够更进一步意识到,彗星的出现其实也只是"刹那"间的光亮,漫长的岁月依旧无法因此改变后,能够回归对自我感知的重视:作为一个生命体,感恩来到人世间,拥有对酸甜苦辣、美丑善恶的感知;作为一个有自主意识的个体,在漫长的岁月里发挥主观能动性,自己赋予生活那因人而异的意义。

(张琳笛)

# 审美人生

审美意识,来自生命的自觉与体悟,人生不止生存,还有审美的感受、鉴赏与创造,自然景观、人文风物、生活细节、社会大事,均触动着我们,美无处不在,美感随时而发,把自己投入丰富多彩、热火朝天的生活中去,精微感受,提炼升华,让人生更加丰盈。

审美本身具有很强的感化作用,孔子曾高度评价曾皙描述的暮春诗教图:"莫春者,春服既成,冠者五六人,童子六七人,浴乎沂,风乎舞雩,咏而归。"这也是孔子心目中的理想社会,宜人的自然环境、融洽的师生相处、温和的诗教氛围,都能让人体会到感化的力量。

保持从容的心态,也是获得审美的重要前提,在追求高效的现代社会,实用主义、科学主义等自然成为人们的选择,但不要忽略了人本意识、人文精神,人生的目的不止赶路,更有路旁的风景,恰如阿尔卑斯山谷的路牌提醒:"慢慢走,欣赏啊!"。

第49周
周五

诗中有感发激励的生命。

……

凡是我所说的伟大的诗人,如果他真能够在诗歌里边传达一种感发激励的生命,那个生命一定是他最真实、最纯真的、用自己的一生去实践的生命,而不是一些空喊的口号和教条。

——叶嘉莹《迦陵说诗》

[解读]

"诗中有感发激励的生命。"就是叶嘉莹先生对诗歌的核心看法,好诗中蕴含着感发的生命,在我的理解中,"感发的生命"就是在被某件事、某处景触动后,以诗的形式表现出来的生命的情思。这些情思既是人们所共通的,读者能够跨越时空与作者产生心灵的共鸣，同时又是更美好的、更旷达的、更狷介的，所以能让我们从中获得启发。比如李白"安能摧眉折腰事权贵，使我不得开心颜"傲岸的人格宣言，喷薄着诗人的人格光辉，又如辛弃疾"凭谁问，廉颇老矣，尚能饭否"表现的壮志难酬、老骥伏枥的英雄之思，是渴望建功立业的他在报国无门的人生困境中，内心真实的挣扎与沉郁的表达。"感发的生命"，其实是诗人以手写心，在诗歌中注入自己的生命遭遇、艰难抉择、万端情思。因此，区别于"为赋新词强说愁"的无病呻吟，区别于六朝浓艳华丽却描述享乐生活的宫体诗，"感发生命"的诗能够入心动人。

我们可能会问读诗有什么用呢？我认为读诗能带给我们心灵的洗涤与激荡，从而能在忙碌的生活中保持那些细腻的触角，能够感知和享受生活的百味。这正是因为好的诗中有"感发的生命"。

（洪昕悦）

第50周
周一

诗歌教会了中国人一种生活观念,通过谚语和诗卷深切地渗入社会,给予他们一种悲天悯人的意识,使他们对大自然寄予无限的深情,并用一种艺术的眼光来看待人生。

诗歌通过对大自然的感情,医治人们心灵的创痛,诗歌通过享受简朴生活的教育为中国文明保持了圣洁的理想。

——林语堂《吾国与吾民》

【解读】

诗歌将情感与自然之景结合,主观情意和客观物境构成一个流动的空间,形成意境。"观古今于须臾,抚四海于一瞬",正如陆机在《文赋》中所说,诗歌可以打破时间与空间的限制,将壮观的天地和辽远的时间一起涌进人的心灵。

(孔令洁)

  王羲之《兰亭序》,是喜极而泣、悲从中来,在风花雪月的背后,看到了生命的虚无与荒凉。那是因为,美到了极致,就是绝望;而李白则恰好相反,他是悲着悲着,就大笑起来,放纵起来,像《行路难》,在"欲渡黄河冰塞川,将登太行雪满山"的茫然和惆怅后面,竟然是"长风破浪会有时,直挂云帆济沧海"的万丈豪情。王羲之是从宇宙的无限,看到了人生的有限,李白是从人生的有限,看到了宇宙的无限。

——祝勇《纸上的李白》

【解读】

王羲之在《兰亭集序》中的哀叹，折射出他的悲观。兰亭雅集时，他"仰观宇宙之大，俯察品类之盛"，沉浸在广阔的空间之中，难免不会感到自身的渺小；再将自己置于历史的洪流之中，则更叹息于生命的虚无，因为再多的美好，在死亡面前都不值一提。王羲之的绝望是可以理解的。放在当时的历史环境下，在颠沛流离之中，惶恐不安成为一种常态；在偶尔的安宁快乐之中，王羲之很容易又陷入悲情。

如果说王羲之是从宇宙的无限，看到了人生的有限，那么李白则是从人生的有限，看到了宇宙的无限。李白这种看待自己命运的态度让我很惊喜。所谓"看到宇宙的无限"，是他相信行路中的"难"都是一时的，时间和空间总会给予自己机会。也许，机会不在当下而在未来，不在脚下而在远方。李白他也不得志，也难过，但他和自己、和宇宙，最终达成了和解。我想，他有着一种很高级的乐观，拥有着很诚挚的浪漫和豪情。

如果李白参加了兰亭的流觞曲水，他大概不会流泪。王羲之所以流泪，是因为他看到了美的流逝；而在李白的眼里，看到的可能会是曾经、当下、未来的乐与美，通过一种更广大、更深远的视角，他会看到美的永恒。

(李楚若)

第50周
周三

要想逃避这个世界，没有比艺术更可靠的途径；要想同世界结合，也没有比艺术更可靠的途径。

——歌德

【解读】

对于这里的"逃避"我更愿意作积极的理解，这不是"躲进小楼成一统"的消极退避，更像是一种超越。这种超越意味着不被现实的琐碎或者困境拘束，而是在放大美的世界里徜徉，从而获得一种可以支撑自己的精神力量来重塑生活。那么同世界的结合，就是以美学的精神看待日常生活，以陌生的眼光从司空见惯的事物中找到蕴藏着的美，从而构建诗意的生存，譬如临风醉舞，饮啜春光。艺术所表现出来的外部好似远离日常日用还神秘十足，但它实际上源于客观现实，映射出人性和自然中的闪光点，用一种人文关怀的光关照生活，给予人们对生活的热爱和希望。

(陈怡皓)

> 孤兽走索群,衔草不遑食。感物伤我怀,抚心常太息。

——曹植《赠白马王彪(其四)》

**[解读]**

孤零零的野兽离群索居,口衔着蒿草也无暇独食而尽。这番景象让诗人触景伤情,叹息伤怀。

《赠白马王彪》读来让人触目惊心。"惊",是明白曹植之作并非是富贵公子的无病呻吟,而是在经历人生起伏,境遇急转直下后的真实悲怆之音。曹操在世时,曹植颇受宠爱,少年意气风发,"幽并游侠儿"刻画出曹植的年少得意、豪情万丈。曹操死后,曹丕上位,曹植饱受猜疑忌讳,从此郁郁不得志。

这让人联想到"不平则鸣"的艺术理论。韩愈有言,"大凡物不得其平则鸣",点出人生境遇对艺术创作所起到直接作用、关键影响。艺术源于生活,坎坷波折的人生经历塑造出曹植、李白、辛弃疾等杰出诗人。然而,杰出的艺术创作更离不开创作者对人生的敏锐捕捉与诗意感悟。两者的共同作用,让诗人提笔绘就一篇篇千古奇作。

(吕晓非)

屈平辞赋悬日月,楚王台榭空山丘。

——李白《江上吟》

【解读】

屈原的辞赋能够与日月同辉、和天地共寿,长盛不衰;而喧嚣一时的宫殿、楼台,如今已渺然无存,只留下空悠悠的山丘。诗人泛舟江汉之间,结合所见之景与心中所思,便联想到了屈原与楚王。这一联将屈原和楚王作为两种人生的典型,鲜明地对立起来。屈原尽忠爱国,反被放逐,自沉汨罗,他的辞赋,可与日月争光,永垂不朽;楚王荒淫无道,穷奢极欲,招亡国之祸,当年奴役人民建造的宫观台榭,早已荡然无存,只见满目荒凉的山丘。诗人借此表达了文章辞赋、精神思想能够长留于世,而财富物质、荣华富贵不过是过眼云烟。

(郭咏涵)

过于理智会与人起冲突。感情用事则无法控制自我。坚持己见易钻牛角尖。总之人世难以安居。……难以安居到了某个程度,就想搬去容易安居的地方。醒悟无论搬去何处都不易生存时,便产生了诗词,出现了绘画。

——夏目漱石《草枕》

[解读]

通过这段文字,可以理解夏目漱石对于为人处世之法和生活之道与艺术的关联的思考。人们面对困境时大多自欺以图心安,为了保护美好的幻境不被过于理智的人打破,难免引起冲突。感情用事的人时常无法控制自己大起大落的情绪,固执己见的人又容易钻牛角尖。因此,人世间是寻找不到理想的生活方式的。人们难以安居到某种程度便会想要搬去其他地方,当彻底醒悟无论搬到哪里都无法获得理想的生活时,人们开始创造出诗歌和绘画。诗歌和绘画作为人们精神世界的寄托和产物,反映了人们虽然明白人世间有诸多不美好的存在,但仍然有对于理想和美好的追求。

(齐悦彤)

第51周
周二

语言不是院士或语言学家们的发明；相反，它随着时间的推移，由农夫、渔民、猎人和骑士们演变而来。它也并非来自图书馆；而是来自田野，来自大海，来自河流，来自夜晚，来自黎明。

——豪尔赫·路易斯·博尔赫斯《诗艺》

【解读】

语言的产生一直被视为文明诞生的重要标志之一，它本身即是文明。然而，博尔赫斯提醒我们，文明应有的意象，并非只限定于"教授""学者""图书馆"这一类看起来学识渊博的事物中，而是来自于我们日常、本真的生活。语言和任何事物一样，从最初，都因实用的原因诞生，根植于大地，从自然中汲取养分，所以它们得以站稳脚跟，充实而真切。在这样稳固的基础上，才会衍生出漂亮繁茂的枝叶,演化为一种独立的艺术形式,在更高的层面上描绘丰富着我们的生活。所以语言学家、图书馆实际上是依赖于语言而生的,也就是依赖于田野、大海、农民、猎人这些日常的人与事。所谓起点,永远是最纯粹的存在。形式永远是表面的、浮华的,若离了本质内核,它便会失去意义。

除此之外,他还提醒人们,其实我们的日常生活,是多么美好、富有诗意。博尔赫斯还曾说,"生命就是由诗篇组成的"。虽然"诗篇"最初可能出于并无诗意的目的而生,却可以在成熟之后逐渐靠近这繁复世界的美好,提醒人们身边无处不在的闪光点。这便回到一个老生常谈的问题上了:世界本多彩,只是需要我们去主动发现罢了。不可否认,这个世界上有许多不堪入目的丑恶存在,甚至根植于人心。但同时,我们也拥有暂且忽略丑恶,转而欣赏善良美丽的一面的自由。短暂的和解是调节心情非常重要的一个方法,只有如此,我们才能获得希望、获得信心,拥有继续前行的动力。在这个层面上,文字的实用意义与诗意得以合二为一,共同致力于创造一个更好的未来。

(焦思涵)

一切纯文学都要有诗的特质。一部好小说或是一部好戏剧都要当作一首诗看。诗比别类文学较谨严,较纯粹,较精致。如果对诗没有兴趣,对小说戏剧散文等等的佳妙处也终不免有些隔膜。

——朱光潜《谈读诗与趣味的培养》

【解读】

不爱好诗而爱好小说戏剧的人们大半在小说和戏剧中只能见到粗浅的部分,就是故事。所以他们看小说和戏剧,不问其中的艺术技巧,只求里面有有趣的故事。爱好故事本来不是一件坏事,但是如果要真正欣赏文学,我们一定要超过原始的童稚的好奇心,去求艺术家对于人生的深刻观照以及他们传达这种观照的技巧。

(张锦茜)

阿尔卑斯山谷中有一条大汽车路,两旁景物极美,路上插着一个标语牌劝告游人说:"慢慢走,欣赏啊!"许多人在这车如流水马如龙的世界过活,恰如在阿尔卑斯山谷中乘汽车兜风,匆匆忙忙地疾驰而过,无暇回首流连风景,于是这丰富华丽的世界便成为一个了无生趣的囚牢。这是一件多么可惋惜的事啊!

——朱光潜《谈美》

【解读】

"慢慢走,欣赏啊",这六个字通俗易懂,与朱先生提出的核心美学思想"人生的艺术化"密切相关。人可以参与美和艺术的创造,但人的生命意义的实现也离不开美和艺术。"人生的艺术化"重在阐释人与艺术的关系,追求人格的完满和生命境界的审美化,通过艺术弥补人生缺陷。

人生的艺术化主张对人生的严肃主义。把"一言一笑一举一动纳在全部生命史里去看",严肃认真地对待生活中或许微小的部分,正如同诗人对遣词造句的仔细斟酌,把生命史当作一件艺术作品来创造,这种风度是艺术的。但同时也要取舍得当,在认真时见出严肃,在摆脱时见出豁达。这里强调的是一种人格理想,是人生艺术化的第一要义与最终目标。

人生的艺术化是人生的情趣化。用欣赏的眼光去看待生活中的一切,对于许多事物都觉得有趣,而且到处寻求、享受这种趣味,生活自会充满情趣,进而美满自由。这里的"情趣"是"人生"与"艺术"联系的中间环节,是人们对待生活的态度。人生的情趣化是实践人生艺术化的必要途径。

所谓"以出世的精神,做入世的事业",其实是人生的情趣化与严肃化的统一。"出世"故能情绪自知,发挥"无所为而为"的精神,进而宁静致远;"入世"故能回归现世,世事了然于胸,进而成就事业。"出世入世说"是实践人生艺术化的逻辑起点和心理基石。

什么样的生活才是理想的?"人生的艺术化"可以是一种答案。懂得生活的人是艺术家,他的生活就是一件艺术作品。真与善趋于极致而高度交融之时,便进入审美的境界,美是人生的终极价值。理想的人生是审美的,它是一个完整和谐统一的有机体,自然而真实,是高尚人格的表现,兼具情趣和严肃。

应该如何去做?不妨"慢慢走,欣赏啊",带着欣赏的眼光细心品味生活,体会生活的情趣,放慢生活的节奏,欣赏生活的美好。点滴生活碎片,都将被写入生命史之中,成为严肃的一笔。

(杨晓菁)

"年代久远常常使最寻常的物体也具有一种美。"对于现实世界,一般的人们所注意的往往是它的实用价值,而不太容易对它采取审美态度。而随着时间的推移,已经成为过去的那个现实世界,人们再回首看它时,由于它与他们的生活已没有直接的利害关系,往往就不带经济中人的世俗眼光了,而站在了一个审美角度上:不是这件物体值多少钱,有什么实际作用,而是这件东西美不美。

——曹文轩《水洗的文字——读汪曾祺》

【解读】

旧事物"美"的显现源于实用价值随时间的淡褪。这是一种后知后觉的审美体验。当一个事物需要实用价值淡褪才能显出审美价值的时候，便折射出我们认识事物上存在片面强调实用主义的问题。其实，只关注用处、只追求效果，不断地质问"要这个东西到底有什么用"，反而会失去对事物本身审美价值的审视、失去对过程本身的享受。许多学中文、学历史的人经常被问到"学这个有什么用"的问题；我想对这个问题，我们本来就没有义务给出答案。选择学习一个专业，本就是"无所为"的，如果硬要说为了什么，那就是为了满足对知识的好奇心，我的选择源于我对学科本身的美的热爱。如果我们心中有意识地为"美"留有一席之地，在选择、使用(或参与)、回首的时候，便能看见寻常事物的美，让美的体验不再滞后，而是充盈于每个当下。

（李楚若）

"不要打哪,苍蝇搓他的手,搓他的脚呢。"

"船夫啊,不要把尿撒在,浪中之月。"

"前世之约吗?小蝴蝶在我袖子里,睡着了……"

"我知道这世界,如露水般短暂,然而,然而……"

——小林一茶

[解读]

小林一茶有一种对生活细致入微的体察。初读苍蝇一句时有些不解,苍蝇脏兮兮的,又烦人,不甚雅观,何以入诗?但是仔细品味后发现,他正是用这种心理的反差,给读者提供了一个不同的看待生活的视角,用万物平等的自然观表达了他对生命的热爱。

周作人评价说,"苍蝇在那里时而抬起头悠然地搓搓他的手,时而又撅起屁股悠然地搓搓他的脚,简直就是顽皮可爱的小精灵……这里没有害虫、益虫之分,万物平等,心境悠然,达到了'以我观物,物皆着我之色'的审美境界。"

小林一茶总是写一些常人不愿写的苍蝇、蚊子乃至尿,同时他也写蝴蝶、写樱花、写晨雾、写星空。他敏锐地观察着这个世界,然后真诚地诉之笔端,他不拘泥于固定的意象,也不矫饰文字,也许这就是诗心所在。

小林一茶对生活的独到体察根植于其坎坷的人生经历,那看似淡淡的哀伤背后是深沉的悲痛。他三岁丧母,十四岁被赶出家门,五十多岁才娶妻,而后四个孩子都先后夭折。露水一句,便是他在幼女夭折后写下的。世事难料我知,泪水无用我知,然而……终究难以释怀,还会眷恋,还会悲痛。"然而"二字,一幅欲语泪先流的形象立马浮现于前。

在苦难的打压下,一茶没有一蹶不振,反而他触碰到了生活的本质,更加珍视平日一点一滴、一草一木的美好。欣赏现实的悲剧是没有人性的体现,但是不俗的灵魂从悲剧人生中提炼出来的美,经过了磨砺,确实更有生命力、更真纯。

(金禧艾)

虚无比绝望柔软,比痛苦无边,比无奈久远。

——余党绪《古典诗歌的生命情怀》

【解读】

余老师的解读阐释了《蒹葭》是一部充满隐喻的伟大作品。追求是美好的,不管追求的对象是爱情、是贤人、是理想……在追求的过程中,未知的前途,充满了危险的信号;已知的险阻,割伤了理想主义者的双脚。他能否超越这险阻,开创出一条道路呢?答案是不管是否成功,结果只能是虚无——"伊人"永远在水一方。同时也揭示了人类从古至今必然延续下去的一种状态:永远在路上。人类是一种不安分守己的生物。追求超越,追求圆满,追求完善,是人类始终不渝的信念和欲求。虽然道路上布满荆棘,刀光剑影,但人类依然怀着不竭的热望,不断探索和前进。送走了今天的夕阳,迎接明早的朝阳,一个目标达到了,下一个目标又出现了。人类,就是这样一代一代走过来的,也注定要这样一代一代走下去。《蒹葭》用重章叠唱的方法把人们内心最深处最执着的追求过程,形象而具体地展现出来。也许唯一可以给人安慰的是,美是过程,而非结果。生命的魅惑,人生的缱绻,未来的迷惘,不正是来自于这种亘古不变的纠结吗?

(张锦茜)

从本质上来说,诗意的影像是无法被解读的。

——纪录片《塔可夫斯基:在电影中祈祷》

【解读】

塔氏认为影像不是符码。区别于文本,艺术真理的诠释学应具有神秘主义与存在论性质。

艺术具有崇高性。人无法在纯粹形式上把握超验崇高——故艺术应承担生动揭示此在与世界因缘联络的责任,寓无限实体于具体形象,使其成为可观照的。因此艺术不是象征符号——符号好比密码或谜语,总存在解法与谜底,一旦被解析剖视,其承载的意义会被耗尽,沦为单薄的"有限"。因此,非本体论意义的解构是对自由驰骋、广袤深邃艺术空间的阻隔。

艺术具有精神性。神秘崇高令人陷于迷惘。唯有将绝对实在感性化、心灵化,诉诸私密亲切表达,艺术才可服务于人。塔氏作品中对回忆的非线性交切、良久凝视等,正是于神秘气质中融入简洁世俗生活体验的范本。

以崇高性为归宿,以精神性为补充,人的本质亦在于此。探究永恒生命课题的路上,唯有基本真理永葆神秘,幸福、爱的秘密在死亡时得以廓清,人才能在精神乐园中永垂不朽。

人生亦是一首无法被解读的诗。

(杨裕新)

美应该是一种生命的从容,美应该是生命中的一种悠闲,美应该是生命的一种豁达。如果处在焦虑、不安全的状况,美大概很难存在。

——蒋勋《品味四讲》

[解读]

罗丹曾说过:"生活并不缺少美本身,而是缺少发现美的眼睛。"

其实,发现生活中的美,首先应当具备能感受生活之美的从容、悠闲、豁达的心境。有一个很有趣的社会现象,生活在都市的人,在艺术季时常倍感忙碌劳累——每晚都要参观画展、观看演出。

艺术本是带给人们美的享受的媒介,何以反而使人们感到疲倦呢?这本书中提出"生活美学"的概念——艺术并不等于美,而美与心境的安宁惬意有着紧密的关联。心境放松下来,每日挤地铁通勤短短的几十分钟也能成为观察生活的万花筒;若是紧张焦虑,景致再美,映入眼中的万事万物也自动黯淡下来。

(殷嘉仪)

> 人不但要移情于物,还要吸收物的姿态于我,还要不知不觉地模仿物的形象。
>
> ——朱光潜《谈美》

[解读]

"子非鱼,安知鱼之乐?"这是庄子、惠子二人游于濠梁之上时表现出的对外物的关照。这种"以己度人"的倾向便是"移情作用",而移情于物的选择则是我们与外界建立起良性互动的表现。

所谓"以我观物,物皆着我之色",郑板桥何以咏竹?因为他在竹的坚韧挺拔中见出内心仰慕的执着与不舍;王冕何以赞梅?因为他在淡墨暗香中见出心底追求的清雅与高尚;周敦颐何以爱莲?因为他在亭亭净植中见出倾心的清幽与风度。移情于物、以心观物,将心之所向寄托于目之所及而具有相通特性的外物,更要借助此意象勉励自我,素履前往。

移情不止于对自然的观照，同时也是对社会百态的共情与体悟。缺乏共情是自我封闭化的开端，为顾虑与排他心理所牵绊，不仅将祸及个人，也将成为社会乃至家国、民族的负累。

拥有移情与共情能力让我们学会欣赏身边的美好，倘若我们能在此审美感知的基础上更进一步，在"不知不觉地模仿物的形象"时将美内化于己，从而更好地表达我们的情感和思想，成为一个更加有内涵和灵魂的人。

（刘伊濛）

# 假期补给站

即使起初人们面临的逆境看起来似与其秉性相悖,但他们对待逆境的方式不同,最终迎来的是与自己相应的命运。

——纪录片《李陵》

【解读】

一个人面对逆境时的行为和态度可以很大程度地影响其自身的命运。由于每个人个性不同,人们时常会碰到很多个性化的困难,这些逆境通常是由自身秉性所决定的。但有的时候,人也会面临与自身秉性相悖的逆境。人自身的个性是无法决定困难的产生,我们能够决定的是面对逆境的方式。如果选择继续向前,或许我们能够突破逆境;如果选择就此沉沦,我们会在逆境中越陷越深。

司马迁受刑后,心中愤怒屈辱,但他并没有选择自暴自弃,而是在痛苦之后,选择了修史书的道路,写下了《史记》,成为了后人眼中伟大的历史学家。苏武在异国他乡牧羊多年,忍受着寒冷、饥饿与孤独,但他并没有选择投降以换得荣华富贵,而是坚守心中对国家的忠诚和对故土的热爱,最后终于返回故土。

  由此可见,自己在面对逆境时所做的选择,会在很大程度上影响自己的命运,让未来朝着自己所选择的方向发展。因此,在逆境之中,我们应当认真审慎地思考现实,朝着自己想要行进的方向突破逆境,方能收获自己想要的结果。

(崔艺馨)

第2天

剧探:你们还不够优秀。

蒙恩:我完蛋了,我已经失败了。

娜娜:老实说,不就是一个负面看法而已,仅此而已。然后"我完蛋了"。

蒙恩:可刚才我们已经被告知我们的梦想、我们的努力,一切的一切都不够好。

娜娜:那你期待什么呢?对方向你下跪,向你口称天才吗?任何追逐梦想的人,都有可能遇到被甩到河里更糟糕的事,听着:别在意不认识的人的评价,扪心自问,你觉得你们自己足够优秀吗?

蒙恩:那是当然!

娜娜:那么你必须为了自己的信仰去奋斗。勇气、毅力、信念这些才是你需要的。如果失去了这些,那恐怕那个剧探是对的。

——电影《欢乐好声音2》

【解读】

蒙恩先生的反应,是我们大部分人面对否定时的反应。在与对方的交谈中,近乎疯狂列举自己取得的成绩,以此来证明自己的优秀,并非他人口中那般不堪,甚至通过攻击对方来挽回自己被伤害的自尊,然后在独自相处中,脑海中不断复现自己被否定的场景,陷入深深的自我怀疑与内耗,开始质疑自己是不是真的不够好。这些都是正常的反应,有强烈的不甘与情绪,但是回归理性的时候,我们就任由情绪支配自己吗?然后变得胆小,失去追求梦想的热血。

别人夸就自满,别人骂就自卑,显然认识自己并非只有通过他人的评价。被否定的时候,扪心自问,自己真的很差吗?相信大部分人的回答都是:不,只是不是那个最好的。既然如此,先承认自己的不足。明白他人对自己的评价,也许是人家确实见过更好的,又或许就是单纯个人的喜好。进而在和自己的对话中,说服自己不用在意他人的评价,并给自己打气。实现梦想的路途,有些时候就是需要这种"普通但自信"的心态来支持我们屏蔽负面的评价和做出大胆又果断的关键决定。为了自己的信仰,带着勇气、毅力穿过充满荆棘的道路,迎接最后的鲜花和掌声吧!

(朱嘉逸)

第3天

人在奋斗时,难免迷误。

你必须承认:一个善良的人虽然受到了黑暗的冲击,却最终会觉悟到正确的道路。

——歌德《浮士德》

【解读】

上帝与魔鬼梅菲斯特就凡人浮士德的灵魂是进入天堂还是堕入魔道立下赌约,上帝放手让梅菲斯特去引诱浮士德的灵魂,对自己的胜利抱有自信。

这里语境下的"迷误"并非事业的挫败,而是指灵魂的迷惘和误入歧途。追求相比于无所作为,当然是创造美好生活的正途,为何仍难免心灵的错误?有追求,说明心中有强烈渴望的梦想,并且这梦想往往是比短期现实目标更理想化的,比如美、爱、真理等,即使行动具有长久的内生动力,也会带来焦灼的心情,追求之人太渴望体验到梦想,而梦想又如此遥远。这使得急功近利遮蔽理智，让人易陷入精神与肉体的纠结中，正如浮士德在尘世的爱欲与崇高的境界间挣扎，最想体验世俗成功的人也会忽然迸发最强烈的超世之情，只因梦想的伟大和肉体的渺小，这些内心冲突带来心灵的迷惘。被前途的纠结煎熬之外，追求之人也会为感性和理性的反复所累，在成功中倏忽感到人类理性的绝对胜利，而下一瞬被命运和自然之力击溃；过于依赖理性的力量而失去对生命的体验，忽然又对理论的僵硬感到窒息，放纵生命欲望以至于伤害自我与他人，种种人性的起伏会使人误入歧途。

　　追求是人生的正途。错误是难免的，善良的人会在受到黑暗冲击后不断地反思调整自我的追求，不会消极倦怠，而是寻找到真正值得追求的东西，一次次错误并不是善良之人的污点，而是人之为人的独特生命体验，寻找真理路途中的坎坷而已。

（石雨墨）

世界让我遍体鳞伤,但伤口长出的却是翅膀。

——阿多尼斯《我的孤独是一座花园》

【解读】

世间不如意事十之八九,我们不能只关注如何避免打击,要适时地适应充满打击的环境,寻找其中隐秘而独特的价值。只有变失望为希望,将挑战当作机遇,才能在世间更茁壮地生长。

(张天翼)

第5天

> 最为不幸的人被苦难抚育成了诗人,他们把从苦难中学到的东西用诗歌教给别人。
>
> ——雪莱

【解读】

苦难造就艺术,这是毋庸置疑的,苦难对于诗歌的意义似乎更大。一些长篇小说尚能以对生活细致的观察与透彻的理解取胜,但抒情几乎是诗歌的唯一表达方式。喷薄爆发的愤怒,尖锐激烈的痛苦,萦绕绵长的愁思,黯淡无力的挫败……相比幸福快乐这样更加积极简单的情绪,苦难所带来的负面情绪似乎更加深刻沉厚,更能与读者产生心灵上的碰撞。这些"不幸"的人将自身经历与对人生的体悟融入诗作,启发了千千万万辗转困于苦难中,不得出路的人。

(张智涵)

人生就是一条通向自我的路,须不断尝试,辨明迷途。

——赫尔曼·黑塞《德米安》

【解读】

每个个体都是独一无二的,只有自己能够真正认识自我、唤醒自我。终其一生,人都在寻找自我。个体的迷惘与彷徨,往往是因尚未找到自我而起。却也正是这份迷茫的痛苦不断推动着我们继续前行,成为有独立个性的、真正了不起的人。

禽类虽是由蛋孵化而来,却终要挣脱,破壳而生。人想要找到内心的自我,也注定须在外部世界经历一番挣扎。外部世界对我们的影响无往而不在,时而作为一个笼罩性的整体,恰似一个压抑人心的牢笼,束缚着想要探求自我的人;时而四散作无孔不入的流体,如同迷人的缕缕笛音,鼓惑人们走向异端,与真正的自我愈来愈远。但人不当为此放弃向内探求的尝试。如果没有经历痛苦挣扎的觉悟,又如何能够找到自我,谈何追求真正的幸福?自我意识趋于完整之后,人又将回归外部世界,按照新的理想改造和建构新世界、帮助新的一代人寻找自我。

(唐奕欧)

我果然就不会被寒冬与剪枝击败。虽然有时静夜想想，也会黯然流下泪来，但那些泪水，在一个新的春天来临时，往往成为最好的肥料。

——林清玄《发芽的心情》

【解读】

生命过程中包含着无数困难和痛苦，它们孕育了幸福和内在力量。过往如烟，人只能活于现在，过去似乎无可追忆，然而回首"山远成云"，人们仍可从中看见希望和向前奔赴的勇气。

人从过往的苦难中汲取经验。深夜的沉思固然痛苦，但如蝴蝶破茧而生一样酝酿生机，如在长长的隧洞里见到光亮一样给人以力量。在这种自我审查、对现实和外部环境的观照中，我们渐渐领悟造成痛苦的内在和外在原因，尝试从内心改变自己从而慢慢实现内在世界的成长，亦发现外部世界的残缺并试图填补，为之尽一己之力。思考漫长艰难，但我们不应因此逃避，而应直面困惑和恐惧。这是打开苦难礼物的必经之路。

人从苦难中汲取力量。生命的悲剧之美在于与苦难相抗衡并彰显生命力量的过程。寒冬虽然严酷，但万物终将破土而生，春天随之而来。冬天不会是永远的，春天的如约而至在对照下更显出生命的可贵和勇气。在一次次的生长、超越中，我们拥有了面对未来不畏惧、不迷茫的勇敢，拥有了对自我的信心和爱。同时，人不是凭借一己之力在乘风破浪，而是在与他人相互扶持帮助的过程中逐渐把握力量，不断向前的。在此过程中，人们学会了走出小我，融入大我。尤其在当下，面对世界百年未有之大变局，人类亦当洞见彼此同舟共济、共克时艰的必要性，在共同体的建设中超越苦难、共赴未来。

（申若昀）

以清净心看世界，以欢喜心过生活，以平常心生情味，以柔软心除挂碍。

——林清玄

【解读】

这句话颇有"人间有味是清欢"的滋味，事实上也是一种理想的积极的心理素养与处世方式。物质环境上的清净是很难的，许多时候的忧愁，往往也都是自找烦恼，所以才要回归心的境界。而对于当下人来说，时刻怀揣四颗"素心"，似乎虚无缥缈，不太现实，但核心的心态是可以获得的，即"友好地对待自己、周围与生活"。

(孙鹏勃)

没有路的时候，我们会迷路；路多了的时候，我们也会迷路，因为我们不知道该到哪里去。故事总要有结束的时候，但不是每个人都有尾声的。

——迟子建《额尔古纳河右岸》

【解读】

没有路的时候，我们会因为没有客观的引导条件而迷路。抬头望望前方，我们不知道未来该往哪里走，人生的路将通向何处。这里的"迷路"，更像是无路可寻时的自我打转，是面对未知时的茫然无措。而路多了的时候，我们也未必会豁然开朗，而是很容易因为有着太多的选择而无所适从。到处都是路的时候，我们很难明白哪条路才通往自己真正想要抵达的那个地点。在漫长的人生中，有时我们看不到清晰的前路，有时我们又面对太多的选择，前路似乎是交叉纵横的。面对人生故事的丰富性和不确定性，或许，只有方向和目标明确的人才不会迷路。故事结束了，但人生的路还会继续，早晨的阳光仍会洒遍每一寸土地。

(李丹枫)

第10天

世界上只有一种真正的英雄主义,那就是在认清生活的真相后依然热爱生活。

——罗曼·罗兰《米开朗琪罗》

【解读】

英雄主义是肯于付出的一种精神风貌和意志品质。什么是真正的英雄主义?不同的人可能会有不同的答案,诸如勇敢、责任、担当、热血、振臂一呼等。当我们流连于对"英雄"的模式化想象时,其实简化了英雄主义与实际生活之间的关系。对于践行英雄主义的人而言,生活是复杂而多元的,很多时候不得不经历人生的各种挫折与痛苦。不少人会就此沉沦,抱着得过且过的心态,选择"躺平"在岁月的河流里。但是,真正的勇士不会停下自己的脚步,他仍能够将生活视作值得欣赏与热爱的旅途,仍然能够发现那些美好的事物,能够坚守自己的初心与理想,无论经历多少沧桑变化也毫不动摇,这就是罗曼·罗兰所崇尚的英雄主义。这样的"英雄"能够认识到生活和现实的残酷,认清后不去刻意揣摩、试探生活,并且一如既往地热爱它。

(杜欣然)

第11天

　　我只愿蓬勃生活在此时此刻,无所谓去哪,无所谓见谁。那些我将要去的地方,都是我从未谋面的故乡。以前是以前,现在是现在。我不能选择怎么生,怎么死;但我能决定怎么爱,怎么活。

——王小波《黄金时代》

【解读】

　　这一段话中的每一句都表达了完整而独立的意思,但它们又带着属于王小波的生活哲学的共同特性:在强烈的爱和渴望之下,向世界敞开双臂、拥抱生命的每一刻,即"蓬勃生活在此时此刻"。

　　在这里我仍然借用王小波的一句话来解释:"我对自己的要求很低:我活在世上,无非想明白些道理,遇见些有趣的事。"因为要聚精会神地感受此刻、拥抱以瞬间为单位的生命,所以对未来的焦虑化作对其如何展开的期待、对人生的迷茫化作对能拥有生命去体验和思考一切的雀跃。"无所谓去哪,无所谓见谁"正是因为体验人生的可能性与丰富性在于人如何对待自己和世界,并不是取决于命运如何安排。

  在这个语境下,"生"是瞬时性动词,而"活"是延续性动词。尽管"活"的延续性又是由一个个瞬间组成的,但我们的决定权只对"现在"有效。"以前"就只是过往,它构成了"现在",但无法决定"现在"要走向何方。"怎么生"与"怎么死"是人力所不能及的"六合之外",但王小波用他的文字和他的经历告诉我们:"怎么爱"与"怎么活"是每一个希望蓬勃生活的人所能决定的。

(冯羽墨)

第12天

理论是灰色的,唯生命之树常青。

——歌德《浮士德》

【解读】

此句出自魔鬼梅菲斯特装扮成浮士德对青年学生说的话。我们听过太多道理,可又是否真的能过好这一生?理论来源于实践,生命总比灰色的理论葱郁,为理论添彩。同时,理论为生命提供指导,对理论的运用可以让灰色理论化作春雨,滋润葱茏的生命之树。人不能摇晃着空荡的灵魂一味冲锋,也不能拖拽着积压的思虑裹足不前。知行合一,才能避免成为世界的看客,才能为生命填充颜色,做到真正的生生不息。

(杨晓菁)

## 第13天

世事茫茫,光阴有限,算来何必奔忙?
人生碌碌,竞短论长,却不道荣枯有数,得失难量。

——沈复《浮生六记》

**[解读]**

人生在世,常常是忙忙碌碌,人们在成长的过程中,常常会有岁月如梭,年华老去的感叹。所谓"世事茫茫"与"光阴有限"之间,是无限的世界与有限的人生之间的辩证关系。因此,沈复谈到"何必奔忙",意在劝诫人们,不必花费不必要的时间追名逐利,不必争抢、追赶。这并不是让人们放弃对人生目标的追求,而是要看清自己的目标,不要被名与利的外物所裹胁,忘记了自己的本心。当我们"竞短论长"时,有时会患得患失,反而影响了自己的正常生活。人生的得失与恩怨总是数不清的,要学会放下,才能更好地面对每天的生活,走好自己的旅程。

(孔令洁)

第14天

你不可能要求一个没有风暴的海洋。

那不是海，是泥塘。

——毕淑敏《心灵密码》

【解读】

一条鱼生来置身海洋，无法去往泥塘，它便只好与海浪的呼啸相伴一生，即使这意味着它不能安于泥泞、安安稳稳地活在一方小小天地。如同人置身社会之中，注定要面临生活的挑战，鲜少有人能度过一帆风顺、风平浪静的人生。既已身在其中，自然无从逃避。

更进一步，我们本也无须要求没有风暴之所。海洋所带给我们的，有汹涌的波涛、狂暴的风浪，却也有无边广阔。事物的一体两面相伴相生，我们欲得其令人满意的一面，就须同时接受其不尽如人意的一面。如若我们因为畏惧风浪执意脱离海洋，那便要放弃海洋的宽阔。在泥塘中找到心灵的休憩之所未尝不是一种人生选择,但那也意味着我们无缘海之阔大。

若我愿拥抱风浪,享受迎接挑战的过程,从容应对其中的苦痛,大抵是因为我依旧恋慕大海,着迷于其中的宽阔无边、深邃无定,甘愿为之舍弃安逸。也是因为我逐渐发现,在一次次风暴的冲击下,在一次次自我重塑的过程中,人将找到自己。越出舒适圈后的自我成长,也唯有由海洋的风浪催化而生,不可能在泥塘中获得。

(唐奕欧)

我看到你相当积极地吮吸你的伤口,难怪它不能结疤。

——三毛《亲爱的三毛》

【解读】

成长跌跌撞撞,难免受伤,重要的是我们如何从伤痛之中恢复,重新获得力量。沉湎于昔日的伤痛,只会使人日渐沉沦。正如逆水行舟,不进则退,驻足于伤口前不会加速它的愈合,反而会强化痛苦,这于走出伤痛毫无益处。伤口中汩汩流出的鲜血,可以被视为成长的代价,没有什么比亲历更刻骨铭心。在我们回顾反思为何会受伤的过程中,心智也逐渐臻于成熟,能够更好地适应外部的环境。有过伤口,恰是在试错过程中有所收获的证明。因而亦不必投鼠忌器,为了避免受伤错失锻炼自己的机会。

面对伤口,重要的是我们能从中吸取教训,然后走出痛苦,重新获得平静。欣然接受有伤疤的自己,将疤痕视作成长的勋章而不是丑陋的缺陷,释怀过去的痛苦。如若伤口非因自己的莽撞,只是由纯然的不幸,便更不应为此苛责自己。须知受伤已成事实,拥有一颗强大的心的人不会止于自哀自怜,而是在舔舐伤口后向着心中理想自我的样子重新出发。

(唐奕欧)

第16天

人的命就像这琴弦,拉紧了才能弹好,弹好了就够了。

——史铁生《命若琴弦》

【解读】

苦难造就艺术,身体上的残缺让史铁生对生命的意义有着更深刻的思考与更透彻的剖析。他认为,人生的终极目标实现与否,甚至是否真实存在而非虚无缥缈都不是最重要的,生命的意义主要体现于过程。不论何种灾厄降临,只要仍对生活充满希望,认真过好每一天,便是有价值的人生。

(张智涵)

第17天

天下无全功,圣人无全能,万物无全用。

——列御寇《列子》

【解读】

天地的功绩不是应有尽有,圣人的才能并非样样俱全,万物的功用亦非面面俱到。世间向来不存在绝对的完美,万物包括人类都有自己即便拼尽全力也难以消弭的缺憾。学会接受自己的不完美,认清自己的局限,凡事尽力而为,不问结果,只要无愧于心,便应满足,无须执着于对自身而言确为不可及的空幻志向。以"考试"为例,一旦接受了自己的不完美,便能抛却杂念,应对眼前出现的一切可能性。无论是完成试卷的过程中遇见自己能力以外的题目,还是考完后面对自己的成绩,摒除"过分追求完美"的心态,才能丢下负担,看到重点,打破束缚自己的限制,展现出自己本有的能力。再者,只有接受了自己的局限性,才能设立更有意义的目标,并更有效地将其付诸实际。子贡向孔子问仁,给出"博施于民而能济众"的形容,在孔子眼中便是"必也圣乎!尧舜其犹病诸!"坚信"完美"可求,未免好高骛远。当我们设立基本无法完成的目标,对它无从下手时,最终可能会因苦不见其结果而打算放弃。学会接受"不完美",才能在跌宕起伏的生活中永葆乐观的心态,"在看清生活的真相之后依然热爱它"。

(雷玉佳)

第18天

荒谬的人知道,他是自己生活的主人。

——阿尔贝·加缪《西西弗神话》

【解读】

西西弗的故事是悲剧的,而西西弗的反抗使他成为"荒诞英雄"。荒诞是人对自我与现实的距离所产生的感受,这种距离的弥补依赖反抗。我们总是看到西西弗的重负,然而,西西弗不断认真搬动巨石的过程,恰恰是他把握自身命运的反抗的过程。在这一过程中,他的永恒斗争带给了他内心的充实笃定,进而使他获得了幸福。生命的意义就是生命本身,就如旅行的意义在旅行的途中。真实活着的人生,每一步都是自己的。我们要做的是在有限的生命里获得尽可能多的生命体验,以一种澎湃的激情投身于生命本身,而不是追求某种结果,这就是我们反抗的方式。

(杨晓菁)

第19天

存地失人,人地皆失,存人失地,人地皆存。

——毛泽东

【解读】

为了保住土地而人都牺牲了,那最后土地也保不住,而暂时失去土地,人保住了,那土地还能再夺回来。解放战争时期,我军主动撤离延安,很多革命人士不想放弃这一革命圣地,毛主席此时提出了以上这句话,指出要保存有生力量,不要贪恋土地。一时的得失是不重要的,只要自己的能力还在,就有扭转乾坤的机会。打仗作战如此,平时做人做事亦如此。如果只想要完成自己的工作、任务,而忽略了自己真正能力的提升,甚至造成自己的退步,那么最后既完不成任务,能力也下降了。比如学习中应付了事,虽然完成了任务,但自己的能力下降,最后考试的时候就会失利,可谓"人地皆失"。让自己的能力保持在一定水平进而提升,最后就能达成自己的目标,可谓"人地皆存"。

(皮磊)

没有可怕的深度,就没有美丽的水面。

——尼采《尼采遗稿选》

【解读】

水面在表,水深在里。我们常说不能"以貌取人",但并非所有的表面与内里都是割裂的。譬如人的容貌虽然是天生注定的,但气质却受到其内在涵养的影响。水面下潜藏着诸多未知,人目光所及往往只是冰山一角。从增进认识的角度来说,仅观表象是不够的,要关注表象背后的本质,探究底层逻辑。

而从自我修养的角度来看,我们想要拥有的"美丽的水面"可能是一场精彩的舞台演出、一次抓住时机大放异彩的表现等。我们不能等待其自动出现,而是要为其积极创造机会,在长期的积累与沉淀中丰富阅历、陶冶情操。深度未见得会现于表面,然而若非追求一瞬的绚烂,欲求持久的美丽,终要向沉潜的方向发展,拓展深度。

(唐奕欧)

第21天

什么叫学习写作？说到底，就是学习阅读。……阅读可以帮你建立起"好小说"的标准。

——毕飞宇《小说课》

[解读]

在分析海明威的"冰山原则"时，毕飞宇提出了以上观点。海明威的《杀手》并无多余描写，仅仅交代普通的对话与经过剪裁的细节，但这却能把杀手行刺前餐厅里的紧张气氛展现得淋漓尽致。但这只有对文本有着敏锐洞察力的人才能感受到。毕飞宇认为，这种"敏锐的洞察力"不仅是一种阅读能力，更是一种写作能力，只有学会赏析文字才可能学以致用。

(张天翼)

第22天

今日的事情,尽心、尽意、尽力去做了,无论成绩如何,都应该高高兴兴地上床恬睡。

——三毛《亲爱的三毛》

【解读】

"尽心、尽意、尽力"即思维上费尽心思,情感上倾注全部,行动上用尽一切力量。也就是说,做一件事情,要想尽一切办法,全力完成,才算是"做了"。而事情的结果虽然与目的相关,但在完成时却只是过程的附加项。如果过程做到了极致,自身想要的结果即使今天无法得到,未来也总会得到。

恬睡——一个放松、满足的心境,不是"尽人事,听天命"的自我安慰,而是对过程努力的真正自信。这样的心境才让每一个专注当下的时刻有了意义,让我们的每一个明天没有懊悔,充满新的活力和期望。过好今天的意义,就在于让明天成为一个新的开始。

(李嘉萌)

第23天

  理性一手拿着自己的原理,一手拿着根据那个原理研究出来的实验,奔赴自然。

——康德《纯粹理性批判》

【解读】

  "理性"是指人自己思考,运用自己的智力去认识、判断和理解事物的能力,所谓"要有勇气运用你自己的理智",它强调凡事要以人的思维去判断,而不依赖天意或神的旨意,同时注重实践,追求真理。康德认为理性是平衡人的思想价值和自然的基本准则,在尊崇和信奉自然之前,要拥有自己的评判标准和原理与实践过程。

(李丹枫)

在信息的海洋里，却找不到一点儿有用的信息。

——尼尔·波兹曼《娱乐至死》

【解读】

由于技术的进步，我们由印刷机统治的"阐释时代"迈入"娱乐业时代"。获取信息的空间隔阂被消除，人们获取信息的范围扩大了，而这也导致了大部分信息的语境被消解。许多信息来自远方，并没有"可以赖以存在的社会环境和精神环境"，我们对于这些脱离周身语境的信息所作出的反应和行动也就更少，因此这种信息缺乏使用价值，难以对我们的人生有具体的指导作用。同时，在网络新媒体、电视等媒介统治下的"娱乐业时代"，信息的目的与价值也产生了变化。信息由决策和行动的依据变为满足人们欲望的商品与消遣工具，信息的严肃性被消解，其重点价值转移至其趣味性上，这也导致人们整日沉浸在"信息的海洋"中，却只将其当作奇闻轶事一扫而过，甚至将搜寻信息的重点转移至娱乐，信息也就不再能够对人们的生活和自我的提升起作用。在当下信息爆炸和信息娱乐化的时代之中，我们应认清所处的环境，不要被娱乐化的时代洪流所裹胁，而在"莺歌燕舞、醉生梦死"中走上"消亡"之路。

(王哲萌)

第25天

你以为野兽出没的山最险吗？不，你记得，空山最险。

——简嫃《空灵》

【解读】

空山之险，在于停滞不前的脚步。在野兽出没的山谷里行进的探险者，其唯一目的就是保证自己平安走出大山。他时时保持警惕，风吹草动都是向他放出野兽踪迹的信号弹。但当进入空灵的山谷，所见是碧林素湍，所闻是泉水叮咚，又对自己足矣战胜猛兽的实力得意，不免松懈下来。"忧劳可以兴国，逸豫可以亡身"，当失去坚定的理想信念而沉醉在这美妙的山谷时，一朵五彩斑斓的蘑菇，一处隐蔽的地坑，都可能使英雄丧命。

空山之险，在于照见生命的孤独。与野兽搏斗虽然凶险，但每每胜利都会带来成就感与满足感，而且野兽的皮毛可以保暖，血肉可以饮啖，这仿佛是在通关。可行走在空山中，没有小鸟为你歌唱赞美，连野兽也不会冲你嘶吼，在极度的静中，慢慢陷入空虚、寂寞的恐惧。人生就如这漫漫旅途，你只得一个人跑完全程，不依赖任何人的力量，不后退，不放弃。唯有熬过寂寞的试炼，方能滋养独立人格的力量。

(陈怡皓)

简单的欲望,只需要放纵就可以实现,而高级的欲望,放纵是实现不了的,需要的是自律和克制。

——九边《向上生长》

【解读】

这里把人们想要的通称为"欲望",分成简单的和高级的两类,写出了"金句"的感觉。意思不难理解,如果有吃好、穿好或者好逸恶劳等欲望,放纵可以达成目的。但如果欲望指你的梦想,成为作家或者作出贡献,需要的是理性的认知,"提前吃苦"的选择,用自律引导自己在这条路上走下去。

(马鸣悦)

## 第27天

> 安适的山寨很容易埋葬憧憬,丰沛的泉眼很容易滞留人生。
>
> ——余秋雨《千年一叹》

【解读】

人生即是一场旅行,目标即遥远的终点。穿越重山的途中偶逢山寨,或是徒步荒漠时,在万分倦意中遇见一口泉眼,人或许就甘愿留下,在安适的生活中遗忘曾经不惜跋山涉水的自己,将理想与初心埋葬,做个享受平庸而不肯痛苦却坚毅地向前探求的凡人。人们生来便向往安逸、富足的生活,一旦得到,就有可能不愿舍弃它,从此为其所困,一方面被它勾起贪恋,另一方面被它消磨意志,于是在人生漫长的道路上止步。放大看是整个人生,缩小看则是其中的某一阶段。正如在学习过程中受由前人发掘的"已知"的束缚,对其深信不疑而不期待在此方面更有建树;也正如在生活中被自己所属的小圈子限制,不愿再结识新的友人,无视更广阔的天地。安逸使人不敢前行,从前拥有的勇敢、执着都在日复一日的风平浪静中褪色。固然安适与丰沛值得留恋,但我们要明白,片刻的满足并非终点,前方仍有万千风景等待着被探索。

(雷玉佳)

第28天

成长之快,爱意之切,是不安,抑或是喜悦。面对生命的进程,我们不乏勇气,而是决心。孤勇之后,世界尽在眼前。

——游戏《纪念碑谷2》

【解读】

这句话是在关卡中,一位幽灵对母亲萝尔的教诲。幽灵看到了一个茁壮成长的小女孩,同时也注意到了背后既欣喜又担忧的母亲,幽灵理解母亲本能地会对孩子产生保护之情。但是在温室里生长的花朵终究是经不起风雨的,只有心怀勇气,独自穿过黑暗的森林才能到达彼岸。萝尔领会了幽灵的教诲,放手让女儿独自成长。她此时只是驻足观看,时不时吹响长笛的机会只让女儿掌控。而之后萝尔独自冒险,来到了迷宫,在这里,她看到了曾经的自己,也是只身一人前往远方冒险,那一刻她彻底明白了成长是一个个的冒险,而她能做的只是一次次的目送。

那一刻，她也放下了母亲对儿女的担忧与牵挂，在心中默默祝福远方的孩子。

同样这句话，也指出了如今我们最匮乏的东西之一——决心。萝尔用了漫长的旅途才最终放下担忧，选择放手让女儿自由地成长。生活中的我们虽然无须面对巨大的诀别，但决心是我们所欠缺的东西。决心是我们前进的动力，它让我们坚定地走在我们选择的道路上。没有决心，是痛苦且折磨的，在犹豫踌躇中，我们迷失了自己，患得患失。只有决心才能打破僵局，让我们无悔地走在道路上，勇往直前。

（朱嘉逸）

第29天

请赐予我平静,去接受我无法改变的;给予我勇气,去改变我能改变的;赐我智慧,分辨这两者的区别。

——尼布尔《尼布尔的祈祷文》

【解读】

这里讨论的是有关生活态度与看待自我的问题。平静接受是前提,勇敢改变是核心,智慧分辨是保障。

生活有其现实性,人生中的坎坷遭遇、自身天生的缺陷、出身的背景环境等往往都很难改变。接受客观条件、接纳自己往往能使内心平静,进而对事物、对自己有更清晰的认知,并能有针对性地、符合实际地做出一些改变。接受事实不是向现实妥协,接纳自己的平凡也不代表放任自己无所作为,平静地接受自己是一种成熟,是褪去了愤世嫉俗的浮躁,脚踏实地地成长的必要准备。

改变是贯穿人生始终的命题，我们的所作所为、所思所想无时无刻不在改变着自己、改变着世界。然而改变有表面与深层之分，要想突破低层次的重复而真正有所改变，就需要勇气。改变意味着跳出舒适圈、迎接新环境中的未知与不适，这需要勇气；改变意味着可能面临失败，这需要勇气；改变而付出行动还意味着没有幻想和逃避的余地，真相就在眼前，这也需要勇气。我们接纳无论多么平庸的自己，同时也坚持勇敢的姿态，坚信自己拥有无限的可能与改变的能力。

　　分清什么无法改变而应接纳，什么可以改变而应勇敢改进是一门学问。凡事都接受、遇事就忍，容易无所作为；什么都想改变，则容易急躁冒进，同时也是天真的体现。然而拥有看清事物的智慧是需要长时间的积淀的，《大勇斋记》中以仁智为统帅的勇应是我们最终的追求，然而作为初生牛犊，我们不妨什么都试一试、闯一闯，犯错也是一种经验的积累。相信在不断的实践中，我们可以逐渐积累看清事物的智慧，领悟大勇之道。

（金禧艾）

> 正因为如此，真正的成长不是一种顺从，而是一种颠覆的理想。和所有的理想一样，它永远无法真正实现，但不代表它不能引导我们的行动。
>
> ——苏珊·奈曼《为什么长大》

【解读】

人类作为"童年期"漫长的哺乳动物之一，自文明诞生以来，便将"成长"视为重要的人生命题。随着社会发展和文明进步，"成长"一词除了生理上的成长之外，还包括个体心智和人格的发育和发展。在日新月异的当今社会，人们对人类心理的研究不断深入，发展心理学等专门类别蓬勃发展，"成长"也成为人们终身性的课题。

成长无时无刻不在发生。当牙牙学语的幼童第一次独自一人走进坐满陌生人的教室，当一直与父母生活的少年第一次独自踏上旅程，当习惯向父母寻求经验的年轻人第一次发现父母的衰老……成长往往就是这样，通过对不成熟状态的磨砺，个体向真正的成熟迈进。

在《何为启蒙》中，康德将"启蒙"定义为"人类从自我导致的不成熟状态中觉醒"；卢梭认为，能够发扬"自然状态"的童年是成为自由、自觉的成人的基础。最终一个马鞍匠人的儿子、一个钟表匠的儿子——成长为两位伟大的哲学家。假如他们在成长的过程中仅汲取长辈传承的经验和价值观念、将成长视作一种顺从、温和、自然而然达到的某种稳定状态的方式，那么人类思想史上就会失去两颗璀璨的星辰。也正是许许多多同他们一样成长为独立、成熟个体的人，向我们证明了个体成长在很大程度上不依靠原生家庭或是出身环境；人类拥有珍贵的独立思考和改变自我的能力。正如康德所说："成长更多地关乎勇气而不是知识"，因为成长不论以何种面目出现，都是"不破不立"的。真正的成长是一种颠覆性的理想。

尽管一个人能够通过"有勇气运用你的判断力"，通过对不成熟状态的思考和批判、通过自主学习而逐渐成长，社会的风气、原生环境的力量仍然不可否认地影响着个体，从最基础和细微之处改变着个体的模样。奈曼曾说："我们生活在一个庆祝不成熟的文化里。"现代社会中奔涌喧哗的主流价值不仅仅是赞美和崇拜年轻所代表的一切，与此同时也给"成熟"打上各式各样的偏见标签。诸如"油腻""中年危机""人类高质量男性"等流行语和焦点事件，都折射出对"成熟"的歪曲定义和有意抹黑。加之以成长所固有的代价：失去不成熟状态下的特殊心境和感受,许多人因此陷入对不成熟状态的迷恋,在幼稚中顾影自怜。

　　真正的成长也带有绝对化的理想化成分。然而正如奈曼所说,永远无法真正实现并不意味着它不能引导我们的行动。理想之所以是理想,就在于它旗帜鲜明地和不合理的现实划清界限,向亟须被改变的现状昂首宣战。真正的成长就是一种能指引人不断前行、颠覆不成熟状态、追求个体发展和社会进步的理想。

(冯羽墨)

图书在版编目（CIP）数据

中学生思辨日知录 / 史建筑编. — 上海：上海教育出版社，2023.5（2025.9重印）
ISBN 978-7-5720-1972-2

Ⅰ.①中… Ⅱ.①史… Ⅲ.①作文课－中学－教学参考资料 Ⅳ.①G634.343

中国国家版本馆CIP数据核字(2023)第071572号

责任编辑　庄晓明　李清奇
封面设计　titi studio

中学生思辨日知录
史建筑　编

| | |
|---|---|
| 出版发行 | 上海教育出版社有限公司 |
| 官　　网 | www.seph.com.cn |
| 地　　址 | 上海市闵行区号景路159弄C座 |
| 邮　　编 | 201101 |
| 印　　刷 | 上海信老印刷厂 |
| 开　　本 | 890×1240　1/32　印张 15 |
| 字　　数 | 308 千字 |
| 版　　次 | 2023年5月第1版 |
| 印　　次 | 2025年9月第6次印刷 |
| 书　　号 | ISBN 978-7-5720-1972-2/G·1773 |
| 定　　价 | 49.80 元 |

如发现质量问题，读者可向本社调换　电话：021-64373213